지금 나에게
필요한 용기

−인문학 서가에서 발견한 17가지 용기의 심리학−

지금 나에게
필요한 용기

－인문학 서가에서 발견한 17가지 용기의 심리학－

최광현 저

학지사

평생을 남을 위해 사셨던 고 윤보영 장모님을 기억하며

시작하며,

                  독일 유학 생활 중 하루 대부분을 보낸 본 Bonn대학교의 중앙도서관은 라인 강가에 위치해 있다. 도서관에 들어서면 아주 넓은 창이 있어 책상 어디에서든지 창밖에 펼쳐진 아름다운 강변과 쉴 새 없이 지나는 배를 바라볼 수 있다. 입시준비생이 한눈팔지 않도록 칸막이나 좁은 창문 심지어 어둡게 선팅을 하여 밤낮도 구분할 수 없게 만든 '유리벽' 등 전형적으로 공부만 하게 하는 한국의 도서관과 너무나 다른 모습이다. 아주 높은 천장과 옆 책상과의 충분한 거리감 등은 넓은 공간 안에서 의외로 편안하게 책을 볼 수 있게 하여 나는 이 도서관에서 책 읽는 것을 무척이나 좋아했다. 폭우가 칠 때 도서관에서 바라보는 강변은 정말 아름다웠다. 이 도서관에서 내 유학 생활의 모든 것이 만들어졌다. 공부를 하다 2층에 있는 카페에 가서 커피 한잔을 마시며 머리를 식히거나, 강변으로 이어진 계단을 내려가 라인강을 산책하며 풀리지 않는 생각을 정리하였다. 점심과 저녁때도 아내와 주로 멘자(학생 식당)에서 식사를 한 후에 산책을 하였다. 시원한 강바람을 맞으며, 너도밤나무가 죽 이어진 강변길을 걸으면서 공부를 마치고 한국으로 돌아가게 되면 하고 싶은 일을 아내에게 신나게 이야기 하곤 했다. 산책을 마치고 책상으로 돌아와 앉으면 다시 강변이 한눈에 들어와서 나는 늘 잠시 강변을 응시하다가 책에 몰두하고는 하였다. 유학 생활하면 언제나 그 도서관이 먼저 떠올랐고, 많이 그리웠다. 학위를 받고 귀국했을 때 가장 아쉬웠던 것은 더 이상 그곳에서 책을 읽을 수 없다는 점이었다. 돌아보면 나에게 도서관은 단지 책을 읽고 논문을 쓰던 장소만은 아니었다. 미래의 꿈을 키우는 공간인 동시에 현재의 불안감과 조급함을 다독여 주던 심리적 위로의 공간이었다.

고대 사회 최고의 도서관이었던 알렉산드리아 도서관 정문에는 '영혼을 치유하는 곳'이라는 푯말이 붙어 있었다. 우리의 상한 마음과 현실에서 끊임없이 느껴야 하는 불안과 두려움, 분노와 원망 그리고 슬픔을 위로하는 공간이 바로 도서관이다.

작가 C. S. 루이스C. S. Lewis는 "우리는 혼자가 아니라는 것을 알기 위해 책을 읽는다."라는 말을 자주 하였다고 한다. 슬픔에 빠진 사람이 느끼는 고통은 단지 슬픔만이 아니다. 외로운 섬처럼 자신이 혼자라는 사실을 뼛속 깊이 느껴야 하는 것이다. 극심한 슬픔 속에서 느끼는 외로움은 소외감의 고통을 건드린다.

슬픔 = 외로움 = 소외감

우리는 말할 수 없이 깊은 슬픔과 외로움, 소외감을 느끼면 누군가와 대화를 나누는 것 자체만으로도 고통을 느낀다. 그럴수록 더욱 대화가 필요하고 소통과 공감이 절실하지만 스스로 대화를 피하게 된다. 대화가 싫어서가 아니라 대화마저 고통이 될 정도로 지쳐 있기 때문이다.

홀로 침묵하게 되는 시간, 우리의 슬픔과 아픔을 다독여 주는 것은 도서관이라는 공간과 책이다. 이제 책은 우리의 슬픔에 말을 걸고 달래 주는 심리치료의 역할을 수행한다. 책은 우리에게 세상에 대한 다양성과 다른 시각을 수용하고 이해하는 능력을 얻게 한다. 우리의 인생에는 완벽한 성공이나 완전한 실패란 존재하지 않는다. 다양하고 넓은 시야로 자신과 세상을 본다는 것은 하나하나의 사건을 한 부분으로만 보는 것이 아닌 더 큰 맥락에서 바라보려는 분별력, 즉 확장된 시각으로 사리분별을 하게 됨을 의미한다. 그러면 삶의 애환에 마음을 빼앗기고 울적하기보다 현재 삶이 주는 소소한 기쁨을 발견하고 감사할 수 있는 마음의 여유를 얻게 된다. 또한 일상 속에서 늘 부딪치는 관계의 불협화음과 같은 갈등에 대해 좀 더 관대해지고 느긋할 수 있게 된다.

2017년 6월

최광현

차례

시작하며 **5**

1
기꺼이 상처받을 용기

Text Book

『노르웨이의 숲』 무라카미 하루키

『문학의 숲을 거닐다』 장영희

Healing Book

『너는 나에게 상처를 줄 수 없다』 배르벨 바르데츠키

독일에서 유학을 마치고 한국에서 자리를 잡는 사이 몇 년이 정신없이 흘러 갔다. 앞만 보고 달려온 나와 아내는 모두 학교에 자리를 잡고 나서야 내면적으로 한숨 돌리고 싶은 열망을 가졌다. 자연히 우리 부부는 미래의 꿈을 안고 치열하게 살았던 독일로 떠나 그해 여름, 본Bonn에서 휴가를 보냈다. 유학 시절 나는 언제나 빨리 공부를 마치고 한국으로 귀국하고 싶어 했다. 다른 유학생들과 달리 나는 유럽생활의 추억과 낭만을 만들 수 없었다. 오직 앞만 보고 달려갔었다. 그러나 이번엔 유학 시절의 흔적을 찾아 옛 추억에 잠기며 그리운 사람들을 만나고 공부하던 학교에도 가 보았다. 본 대학 앞에 있는 대형서점은 내가 자주 가던 곳으로 저절로 발걸음이 옮겨졌다. 서점에 들어서서 베스트셀러 코너를 보던 순간 익숙한 표지를 발견했다. 그것은 무라카미 하루키의 책이었다. 보는 순간 복잡한 감정이 올라왔다. 독일의 서점가에 동양인의 책이, 그것도 베스트셀러 코너에 있다는 것은 대단히 자랑스러운 일이지만 왠지 알 수 없는 쓸쓸함이 밀려왔다. 그것은 꼭 그가 일본인이었기 때문은 아니었다. 하루키의 작품을 모두 읽은 나로서는 당연한 결과라고 느끼지만 그에게 무언가 질투를 느끼고 있는 내 자신을 발견할 수 있었다.

그의 여러 작품 중 나의 가슴에 제일 와 닿은 작품은 『노르웨이의 숲』이다. 아쉽게도 나는 이 책을 대학 시절에 읽지 못했다. 아마 그 당시 이 책을 읽었다면 성인이면서 기성세대가 되어 버린 지금, 내가 느끼는 감동과 인상과는 분명 달랐을 것이다. 그 차이를 내 자신 안에 갖지 못한 것이 못내 아쉽다.

책 제목을 노트에 옮기다가 나도 모르게 '노르웨이의 늪'이라고 썼다. 아마도 내가 무의식적으로 이 책에서 느꼈던 것은 깊은 슬픔의 늪이었던 셈이다. 깊은 슬픔은 상실의 아픔으로 사랑의 상처다. 또한 이것은 신뢰의 상처이고 더 이상 누군가에게 마음의 문을 열지 못하고 외롭게 만든다. 책에 등장하는 인물들은 모두 다 각자의 자리에서 치열하게 살아가지만 왠지 알 수 없는 깊은 슬픔이 느껴진다.

슬픔이 시작된 지점

와타나베는 나오코를 사랑했다.
나오코는 기즈키를 사랑했다.
기즈키는 아무도 사랑하지 않았다.

가장 큰 상실의 슬픔은 자기를 사랑할 줄 알았던 사람이 아무 예고 없이 떠나고, 떠난 자리에서 그 사람이 자기를 사랑하지 않았다는 현실에 직면해야 할 때다. 이것은 단순히 사랑하는 사람을 잃은 슬픔이 아니다. 떠난 그가 자신을 사랑조차 하지 않았다는 가혹한 현실을 깨닫는 자각이다.

책은 와타나베가 독일행 비행기를 타고 가는 것에서부터 시작한다. 오랜 시간이 지난 후 비로소 와타나베는 지난날의 아픔을 소화할 수 있었다. 이것은 그가 사랑한 나오코가 자신을 전혀 사랑하지 않았다는 사실을 받아들이게 되었음을 보여 준다.

나오코는 기즈키가 자신을 사랑하지 않았다는 사실에 고통스러웠다. 그러나 그녀는 언제나 그를 잊지 않았다. 그를 기억하는 것이 그녀가 커다란 상실의 슬픔에 대처하는 방법이었을 것이다. 나오코는 기즈키가 자기의 죽음을 미리 알고 있으면서 전혀 알리지 않고 떠났듯이 와타나베에게도 같은 방식으로 행동한다. 그리고 그녀가 자기를 사랑하지 않았던 기즈키를 기억했듯이, 나오코는 자신이 사랑하지 않았던 와타나베가 자신처럼 그렇게 해 줄 것을 바랐다.

기즈키는 나오코에게, 나오코는 와타나베에게 '마음의 성역'을 침범하고 떠나가 버렸다. 장영희 교수의 문학 에세이 『문학의 숲을 거닐다』에는 너새니얼 호손Nathaniel Hawthorne의 『주홍글씨』에 나오는 '마음의 성역'에 대해 이야기하고 있다. 『문학의 숲을 거닐다』를 말하기에 앞서 『주홍글씨』 속 딤즈데일 목사의 말을 인용한다.

> 우리가 지은 죄는 남을 해치지는 않았으나, 냉혹하게 남의 마음의 성역을 침범한 칠링워스야말로 가장 큰 죄를 지은 죄인이요!
>
> 『문학의 숲을 거닐다』 p. 35.

가장 악한 자는 남을 해치지는 자가 아니라 남의 마음의 성역을 침범하는 자라는 것이다. 『문학의 숲을 거닐다』 속 장 교수는 영어 수업을 맡고 있는 두 영어 과목의 수강생이 공교롭게도 똑같이 20명이라는 것을 발견하였고 이 우연을 활용하여 두 과목의 학생들이 서로 영어로 펜팔을 하게 만든다. 교양 영어 과목은 법학과 남학생들이, 영작 과목에는 영문과 여학생들이 수강하고 있어 남녀 비율이 동일했다. 장 교수는 서로 가명을 쓰도록 하여 남녀 짝을 임의로 정해 주고 일주일에 한 번씩 편지를 걷어 배달해 주는 집배원 역할을 한다. 장 교수의 교육 실험은 성공하여 학생들은 꼬박꼬박 두 장 분량의 영어 편지를 써서 보내고 펜팔의 편지를 기다렸다. 그런데 문제가 발생했다. 영문과 여학생 중 한 명이 사정상 휴학을 하게 되자 펜팔 상대가 한 명 모자라게 된 것이다. 장 교수는 그 빈자리를 본인이 메우기로 하고 짝인 남학생에게는 이 사실을 말하지 않았다. 장 교수가 대신 맡은 법학과 남학생 명호(가명)는 지방에서 올라와 외로움을 몹시 타던 학생으로 사법고시를 준비 중이었다. 편지를 주고받으며 명호는 장 교수, 아니 '캐서린'이라는 영문과 2학년 여학생에게 마음을 주기 시작한다. 그렇게 시간이 흘러 수업은 종강을 맞았고 펜팔도 이제 막을 내리게 되었다. 장 교수는 그간의 일을 대학 시절의 추억으로 간직하고 서로의 펜팔을 찾지 않을 것을 당부하며 수업을 종강했다. 그러나 명호는 그럴 마음이 없었다. 마지막 편지에서 "너를 생각하며 꼭 사법고시에 붙겠다.(p. 34.)"라고 다짐하며 그때 찾아갈 것이라고 한다. 1년 후 학교에는 출신 학생들의 사법고시 합격 명단을 알리는 현수막이 걸렸고 거기에는 명호의 이름이 있었다. 명호는 애타게 '캐서린'를 찾았고 장 교수에게까지 찾아와서 부탁을 했다. '캐서린'을 만나지 못하면 자신의 합격도 아무런 의미가 없다고 간절하게 호소하였지만 장 교수는 사실을 말할 수 없었다. 장 교수는 자신이 명호의 '마음의 성역'을 함부로 침범했다는 것을 알게 되었다.

'마음의 성역'을 침범당한 와타나베는 슬픔의 늪에 빠져들어 갔지만 나오코처럼 슬픔에서 빠져 나오지 못하거나 인생을 마감하지는 않았다. 아픔을 버티고 이겨내 여전히 아플지언정 과거를 회상할 수 있게 되었다. 그리고 시간을 통해 희미해지고 가라앉은 감정들 덕분에 '마음의 성역'을 침범당했다는 가혹한 현실도 담담히 감당하였다.

독일의 심리치료사 배르벨 바르데츠키Barbel Wardetzki는 『너는 나에게 상처를 줄 수 없다』에서 상처를 받는 일과 상처를 주는 일은 동전의 양면과 같아서 상처받은 사람은 자신도 모르게 다른 사람에게 상처를 주게 된다고 말한다.

상처를 받는 것은 마치 도미노처럼 계속해서 상처받을 사람을 만들어 내는 연쇄 반응을 일으킨다. 상처를 받는 것은 무시당하거나 거절당하거나 멸시를 받았다고 느낄 때, 또는 사랑했던 사람으로부터 버림받는 일을 당했을 때 겪게 된다. 상처를 주는 것은 다른 사람에게 상처를 받았다는 느낌을 갖도록 만드는 행동을 의미한다. 배르벨 바르데츠키는 상담실에 찾아오는 사람의 대부분은 상처받은 아픔으로 찾아오지만 정작 상처를 준 것 때문에 찾아오지는 않는다고 말한다. 상처받아 억울하다고 울부짖는 사람들 대부분 자신을 가련한 희생자로 여기지만 정작 자신도 모르게 상처의 고통으로 다른 사람에게 상처를 입힐 수 있다는 것을 인식하지 못한다고 지적한다. 다른 이에게 상처를 주는 사람들에게는 공통점이 존재한다. 그것은 그들이 상처받은 사람이라는 점이다. 배르벨 바르데츠키는 상처를 받는 동시에 주는 사람은 자신이 받은 상처와 주는 상처를 혼동하고 오직 자신이 받은 것만을 기억한다고 한다. 블랙홀이 주변에 있는 모든 것을 빨아들이듯이 모든 부정적인 결과를 희생자인 자기연민에 사용하여 자신의 상처만을 보려 하고 자신이 다른 사람에게 가한 상처는 보지 못한다. 받은 상처와 준 상처를 구분하지 않으면 자신을 무조건 상처받은 피해자로만 생각하게 되어 어디를 가도 계속 상처를 받는 가혹한 상황에 놓일 수밖에 없다. 자신이 상처받았다는 피해의식이나 또다시 상처를 받지 않으려는 행동이 다른 사람에게 비호감이나 상처가 되고 심한 경우 분노나 적개심을 불러왔다는 것을 모른다. 단지 왜 사람들이 자신을 미워하고 싫어하는지 그리고 어디 가나 환영을 받지 못하고 외로운 존재인지에 대해서만 의문을 품을 뿐 자신이 다른 사람에게 한 행동이나 말이 일으킨 반응에 대해서는 미처 인식하지 못한다. 배르벨 바르데츠키는 누군가로부터 상처받았을 때 무조건 상처받은 감정에 휩싸이기보다 무슨 일이 일어났고 왜 발생했는지를 돌아볼 것을 권한다. 너의 문제와 나의 문제를 분리시켜 일방적인 내 탓이나 무조건 남 탓에 빠지지 않고 상처의 도미노를 멈추기 위해서다.

기즈키에게 상처받은 나오코는 역시 와타나베에게 상처를 돌려주었다. 상처받은 와타나베는 이번엔 그를 사랑하는 미도리에게 돌려줄 차례였지만 그는 상처를 받고, 상처를 주는 도미노를 멈춘다. 와타나베는 자신이 받은 상처를 누군가에게 돌려주는 것을 멈추고 오직 자기 스스로 감당하였다. 여기서 그에 대한 깊은 연민이 느껴진다.

『노르웨이의 숲』에서 모든 상실의 슬픔이 시작된 지점은 바로 기즈키다. 그는 사교적인 성격이 아니다. 예리한 두뇌와 대화하는 재능까지 갖추고 있지만 다른 사람에게는 내보이지 않고 오직 나오코와 와타나베 두 사람에게만 집중했다. 그는 분명 냉소적인 기질이 있어 남의 눈에는 오만하게 보이기도 했지만 본질적으로는 뿌리부터 친절하고 공정했다. 기즈키는 나오코와 와타나베 두 사람이 어색해하지 않도록 이끌었고 나오코와 와타나베 중 누구도 소외감을 느끼지 않게 배려했다. 그래서 그와 이야기하다 보면 상대는 아주 재미있는 사람이고 즐거운 인생을 사는 듯하다고 느끼게 되었다. 그는 와타나베와 마지막으로 당구를 치고 그날 자살을 한다. 유서도 없고 그럴듯한 동기도 없었다. 그는 와타나베와 마지막으로 게임을 할 때 평소에 보기 힘든 진지한 자세로 승부에 이기려고 했다.

> 오늘따라 너 좀 심각해 보여.
>
> 오늘은 지기 싫었거든.
>
> 그는 만족스러운 미소를 머금고 말했다.
>
> 『노르웨이 숲』 p. 46.

그에게서 자살의 이유를 찾을 수가 없다. 그가 실력 있는 부유한 의사의 아들이었다는 것, 뛰어난 재능을 가졌지만 그것을 사람들에게 펼치지 않고 아주 작은 세계에만 머물다가 사라져 갔다는 것. 왜 그가 죽어야 했는지 어떤 암시도 없다.

기즈키는 죽기에 너무나 아까운 인물이다. 그는 살아서 많은 사람과 함께하며 기쁨과 따뜻함을 줄 수 있는 존재였다. 사회적으로 성공하지 않고 대단한 인물이 되지 않았더라도 자기만의 작은 세계 안에서 그런 존재로 살았을 것이다. 그랬기에 그의 죽음을 더욱 받아들일 수 없었다. "본질적으로는 뿌리부터 친절하고 공정했다.(p. 43.)"

이런 사람을 과연 잊을 수 있는가? 내 손에 들어왔고 우리는 서로 떨어질 수 없는 존재로 이어져 있다고 믿었던 나오코에게는 받아들일 수 없는 고통이 되었을 것이다. 나오코는 기즈키가 자기를 전혀 사랑하지 않았다는 냉혹한 현실을 감당하기엔 너무나 상처받기 쉬운 여자였다. 그의 죽음 이후 그녀의 삶은 돌이킬 수 없는 단계로 들어간다. 도저히 그녀의 힘으로 나올 수 없는 마치 '숨겨진 우물'과 같은 것이 되어서 결국은 우물 안으로 깊이 빠져들어 갔다.

상처는 언제나 우리의 삶에 연쇄 반응을 일으킨다. 상처를 경험하고 난 후 다시는 예전의 나로 돌아갈 수 없다. 이제 그 상처를 어떻게 소화해 내고 버티어 내야 할지가 당면한 과제가 된다. 그 상처를 앓고 나면 마치 보상처럼 인생의 깊이를 알게 되지만 그 상처를 견디어야 하는 사람에게는 가혹한 운명이다.

기즈키는 (어떤 이유로) 살아야 할
이유와 의미를 잃어버렸다.

나오코는 그의 죽음 이후 살아야 할
이유와 의미를 잃어버렸다.

와타나베는 그녀의 죽음 이후 살아야 할
이유와 의미를 찾기 위해 애써야 했다.

와타나베가 살아야 할 이유와 의미를 발견했는지는 아직 모른다. 살아있다고 찾은 것은 아니다. 또한 삶의 의미와 희망을 잃었다고 해서 모든 사람이 죽는 것도 아니다. 하지만 고통의 시간들이 그에게 놓여있다. 어떻게든 삶에 정을 붙여야 하고 살아야 할 수많은 이유를 만들어야 하니까. 와타나베가 적어도 자신의 상처를 직면할 수 있을 정도로 과거의 상처를 소화하였다는 것은 틀림없어 보인다.

상실의 상처는 우리가 살아가야 할 의미와 희망에 깊은 손상을 입힌다. 따라서 사랑하는 사람이 떠나가거나, 거부했을 때 우리는 가장 아픈 상처를 받는다. 사랑하는 사람에게 거부당한 상처가 아플 수밖에 없는 이유는 신뢰의 상실에 있다. 두 사람 사이에 사랑으로 쌓아온 신뢰가 견고할수록 사랑의 거부와 배신은 견딜 수 없는 고통을 가져다준다. 상처는 아무런 예고 없이 밀어닥친다. 상처받은 사람은 상처의 고통으로 완전히 정을 떼기 위해 더 큰 고통을 동반하는 상처를 받으려고 하거나 사랑의 깊이만큼 사랑을 분노와 증오심으로 변형한다. 아픔을 해결하기 위해 마음을 꾹 억누르고 자신은 아무렇지 않다고 주문을 걸어 상처를 유배시키는 것이다. 하지만 유배된 상처는 좀비처럼 끝없이 되살아나서 우리의 정신적 에너지를 빨아먹고, 더 깊은 갈등과 고통에서 벗어나지 못하게 만든다고 배르벨 바르데츠키는 말한다. 결국 상처는 상처의 맨 얼굴을 마주 볼 수 있을 때 회복되며 그때 비로소 고통에서 벗어나게 된다.

상처가 가져다주는 가장 큰 후유증은 자존감의 상실이다. 자존감은 자신이 사랑받을 가치가 있는 소중한 존재라고 믿는 마음이다. 상처는 자존감을 약화시키고 정체성의 혼란과 불안을 느끼게 만든다. 우리는 삶을 단단히 지탱해 주는 자존감을 갖고 자신과 당당하게 관계를 맺어야 한다. 우리의 삶은 상처투성이다. 그러나 똑같이 부당한 일을 당해도 어떤 사람은 상처를 입고 어떤 사람은 상처를 입지 않는다. 그 차이는 있는 그대로의 나를 사랑하는 마음에 달려 있다. 자신을 사랑하는 사람은 상처가 인생을 망치도록 내버려두지 않는다.

배르벨 바르데츠키는 상처를 받는 것은 누군가로부터 화살을 맞은 것이며 상처의 화살을 받은 사람은 자신도 모르게 스스로에게 두 번째 화살을 날린다고 말한다. 수치심, 죄책감, 분노, 우울, 무기력 등으로 무장한 화살은 자존감을 손상하고 스스로 자책하며 열등하게 여기게 하는 우울의 늪으로 빠뜨린다. 배르벨 바르데츠키는 누군가로부터 예고하지 않게 상처를 받을 수 있지만 자기 자신에게 두 번째 화살을 쏘지 말 것을 당부한다. 모든 고통이 상처를 준 사람의 탓인 걸로 생각하지만 사실 상대방의 분노를 자신에게 터뜨려 스스로를 수치스럽게 여기고 자기 비하한 것이 더 큰 고통을 가져온다. 나오코가 상처를 받고 정신적 충격에서 회복하지 못했던 것은 첫 번째 화살 외에도 두 번째 화살에 맞았기 때문이다. 두 번의 상처는 그녀가 감당할 수 있는 범위를 넘어섰고 결국은 자살을 통해 고통에서 영원히 벗어나는 길을 선택하게 되었다.

상처를 받았을 때 우리는 상대방에게 받은 상처와 우리 내면에서 올라오는 수치심과 자기비하의 감정을 분리해 자존감이 손상되지 않도록 해야 한다. 비록 첫 번째 회살은 피할 수 없지만 두 번째 화살은 피할 수 있다. 두 번째 화살은 피하게 되면, 무엇보다 자존감의 손상을 막고 자신을 지킬 수 있다. 철학자 헤겔의 말처럼 마음의 문을 여는 손잡이는 밖에 있지 않고 안쪽에만 달려 있다. 사랑의 상처와 슬픔에서 벗어나 다시금 새로운 사랑과 행복으로 가기 위한 여정은 무력하게 상처받은 자신을 용서하고 자신의 한계와 화해할 수 있는 마음의 문의 손잡이를 여는 데 있다.

와타나베는 나오코와는 달리 상처를 입고 두 번째 화살에 맞지 않는다. 덕분에 자기의 자존감을 지킬 수 있었으며 또 다른 사랑을 위한 마음의 문을 열 수 있었다. 비록 여전히 마음 한편에서 통증을 느끼지만 나오코를 잃어버린 상실의 아픔과 그녀의 사랑을 끝내 얻지 못한 자신과 조심스럽게 화해를 시도하였을 것이다. 와타나베의 지난날의 이야기 속에서 우리가 걸어온 여정을 한번 생각하게 된다.

2

친밀감의 상처를
극복할 용기

Text Book

『노르웨이 숲』 무라카미 하루키

『순간의 꽃』 고은

Healing Book

『사랑, 그 설명할 수 없는』 율리아 파이라노, 산드라 콘라트

『너는 나에게 상처를 줄 수 없다』 배르벨 바르데츠키

엄마는 곤히 잠들고

아기 혼자서

밤기차 가는 소리 듣는다.

『순간의 꽃』 p. 7.

이 글을 읽는 순간 나는 동요의 한 글귀를 마주한 듯한 따뜻한 느낌을 받은 동시에, 가슴 깊은 곳에 있던 기억의 한 흔적이 떠올라 마음의 한 부분을 찌르는 통증과 자기연민의 감정을 마주하여야 했다. 이 시의 내용이 내 마음에 기록되어 있는 것만 같다는 생각이 들었다. 나는 입을 옹알거리고, 작은 손과 발을 움직이며 몸이 내 의지대로 움직인다는 것에 대한 신기함을 느끼던 그 시절의 기억이 있다. 또한 어린 시절 춘천에서 살았을 때 기차 소리에 대한 기억도 있다. 그곳의 기차 소리는 나에게 익숙한 소리였다. 아마도 그 익숙함에 이끌린 건지 어린 시절 나의 꿈은 역무원이기도 했다. 이런 기억 속에서 나의 어머니는 내가 생애 최초로 옹알이를 하고, 두 발로 걷던 날 그 순간을 놓치지 않고 탄성을 질러 줄 수 있던 분이 아니었다. 어머니는 언제나 내 곁에 없었고 있다 하더라도 나를 보지 못하고 잠들어 계셨다. 어머니는 옆에 있지만 나는 늘 혼자였다.

어린 시절부터 나는 사람들을 사귀는 것이 언제나 커다란 과제였다. 친구들을 사귀고 또래집단에 들어가고 우정을 형성해 가는 모든 과정이 나에게는 즐거움이기보다는 힘이 부치는 어려운 숙제였다. 나는 혼자인 것이 너무나 싫었지만, 늘 혼자였다. 성장하면서 나는 친밀감에 두려움을 갖고 있다는 사실을 깨닫게 되었고, 그것을 고치기 위해 무진 애를 썼던 것 같다. 그래서 나름대로 혼자가 되지 않는 사회성과 대인관계기술을 만들어 내고 친밀감에 대한 두려움을 숨겼다. 오랫동안 혼자가 되지 않게 만드는 기술을 사용해서 익숙하고 능숙하게 나를 숨길 수 있었지만, 나의 내면 깊은 곳에서 올라오는 혼자가 되려고 하는 유혹을 뿌리치기 어렵다.

친밀감의 욕구와 거리 두기의 정도는 모두 어린 시절의 애착 경험에 의해 좌우된다. 율리아 파이라노Julia Peirano와 산드라 콘라트Sandra Konred는 『사랑, 그 설명할 수 없는』에서 20세기 위대한 심리학자 중 한 사람인 존 볼비John Bowlby의 애착이론을 바탕으로 어린 시절 애착의 상처를 갖고 있는 사람은 성인이 되어서 파트너를 신뢰하고 상대에게 자신을 온전히 내맡기는 데 어려움을 느낀다고 말한다. 친밀감이라는 감정을 원하면서 동시에 부담을 느끼고 파트너와 함께하고 싶으면서 동시에 자유를 원한다. 어린 시절에 충족되지 않은 애착의 결핍을 어른이 되어 보상받으려는 심리 중에는 이와 정반대의 양상을 보이는 것도 있다. 즉, 파트너에게 병적으로 집착하는 경우인데 이 경우에 속한 사람은 파트너를 자주 의심하고 버림받을까 봐 항상 두려워한다고 말한다. 애착의 장애를 가진 사람은 성인이 된 후에도 사랑에 빠지고 나서 기이하고 모순된 행동을 하여 자신뿐 아니라 파트너 모두에게 아픔과 상처를 주게 된다.

> 당신은 고슴도치처럼 누군가 다가오는 것을 두려워하지.
> 상대가 조금만 가까이 다가오거나 당신에게 무언가 원하는
> 게 있다고 생각하면 언제나 곧바로 도망쳐 버리지!

이와 같은 말을 자주 들은 적이 있다면 친밀감에 대해 두려움을 지닌 사람이다. 그러나 이런 부류의 사람은 모든 인간관계에서 회피적

이지 않다. 사회적 관계에서 매우 적극적이고 탁월한 관계 맺기 능력을 보일 수 있다. 다른 사람과 빨리 적응하고, 의욕이 넘치는 자기주장의 힘을 가지며 필요한 경우 팀워크를 발휘하여 힘든 상황을 잘 대처할 수 있는 사람일 수 있다. 당연히 주변 동료는 대인관계 능력이 뛰어나고 좋은 사람이라고 평가하게 된다. 그리고 자연스럽게 화목한 가정을 이루고 살 수 있는 사람으로 인식한다. 그러나 사회적 인간관계에서는 놀라운 에너지를 가진 사람일지 모르지만 가장 은밀한 관계인 사랑의 관계에서는 회피적이다. 상대가 가까워지기를 간절히 원하면 원할수록 점점 더 멀어지려고 한다. 결국 헤어지자는 말이 누구 입에서 먼저 나오느냐만 남게 된다.

『노르웨이 숲』에서 기즈키, 나오코, 와타나베가 삼각관계의 몸통이라면 몸통에서 뻗어 나온 가지에 해당하는 인물이 나가사와, 하쓰미다. 두 남녀의 관계는 기즈키와 나오코, 와타나베가 가졌던 방식과 또 다른 관계 형태를 보여 주고 있다.

나가사와는 기즈키와 비교가 되는 인물이다. 그의 아버지는 나고야에서 큰 병원을 경영했고, 형은 도쿄대 의학부를 나와서 아버지의 후계자가 될 것이라고 했다. 그는 지역 명문가 출신이었다. 든든한 경제력과 집안 분위기에 맞는 귀티 나는 멋진 외모까지 가졌다. 공부를 잘했지만 공부만 잘하는 샌님이 아닌 남자다운 강한 카리스마도 가졌다. 그래서 누구나 그에게 알 수 없이 기가 죽었고 그중에는 와타나베도, 상대하기 힘든 기숙사 사감도 포함되어 있다. 나가사와는 아주 자연스럽게 사람들의 호감을 사는 뭔가가 선천적으로 갖추어져 있는 듯했다. 그래서 소위 별다른 특징이나 남들의 호감을 살 만한 것이 없는 와타나베마저 그의 친구라는 것만으로 감탄의 대상이 되고 그 덕분에 생각지도 못한 경의에 찬 시선을 받게도 했다. 더군다나 그가 와타나베를 선택한 이유가 남들처럼 기가 죽거나 자신을 대단하게 생각하지 않았다는 것이었다는 설명에서 나가사와라는 인물이 평범하지 않은 놀라운 매력의 소유자임을 보여 준다. 한 인물에 대한 이 정도의 설명은 말 그대로 하루키가 만들어 내고자 한 최고의 매력남의 모습일 것이다.

그런데 하루키가 만들어 낸 최고의 매력남은 인간성의 한 부분이 기묘하게 비뚤어져 있는 사람이었다. 그는 아무런 의미 없이 사냥하듯이 여자와 잠을 잔다. 그리고 자기혐오와 환멸에 사로잡힌 채 기숙사로 돌아온다. 상대가 만만하다고 여겨지면 너무나 잔인하게 다루기도 한다. 다시 말해서 자기에게 지나치게 매달리거나 소유하려고 하면 상대방을 생각하지 않고 아무렇지 않게 행동했다. 나가사와는 상대가 감동해 버릴 만큼 상냥하게 굴다가도 동시에 무서울 정도로 냉정했다. "깜짝 놀랄 만큼 고귀한 정신과 구제할 길 없는 속물근성이 동시에 있는 사람이었다.(p. 61.)"

하쓰미는 나가사와의 공식 여자 친구다. 따스하고 이지적이고 풍부한 유머 감각에 배려심 깊고 늘 세련되고 우아한 여인이었다. 그녀는 나가사와를 진심으로 사랑했고, 자신의 사랑을 내세워 그를 독점하려고 하지 않았다. 나가사와는 "나한테는 과분한 여자야.(p. 67.)"라고 말했지만, 결국 하쓰미를 떠났고, 홀로 남겨진 그녀는 원치 않게 다른 남자와 결혼하고 얼마 후 자살로 생을 마감한다.

하쓰미는 나가사와를 사랑했다.

나가사와도 하쓰미를 사랑했다. 그러나 그는 자유를 더 원했다.

선택받지 못한 하쓰미는 자살로 생을 마감한다.

나가사와는 사랑이 아닌 자유를 선택한 대가로 평생토록
고독한 삶을 살아야 한다.

그는 사랑보다는 자유와 고독을 선택했다. 그가 사랑한 것은 누구에게도 얽매이지 않는 자유였고 자유의 대가는 고독이다. 그럼에도 불구하고 그는 자유를 택했다.

배르벨 바르데츠키는 『너는 나에게 상처를 줄 수 없다』에서 특히 "남자들은 본능적으로 다른 누군가와 빈틈이 없을 정도로 가까워지는 것을 두려워한다.(p. 100.)"라고 말한다. 긴밀하게 연결된 상태를 옴짝달싹 못하는 갑갑한 감옥에 갇힌 것처럼 느끼고 그 안에서 자신의 본성을 잃을까 봐 불안해하는 것이다. 그래서 존 그레이John Gray는 『화성에서 온 남자, 금성에서 온 여자』에서 남자들의 이런 특성을 '고무줄'이라고 표현했다. 남자들은 친밀해지고 싶은 욕구가 어느 정도 채워지면 자율성을 되찾고 싶은 욕구를 강하게 느낀다고 한다. 그래서 곁에 있는 여인으로부터 최대한 멀리, 고무줄이 끊어

지기 직전까지 달아나려고 한다. 그리고 그것은 배고픔과 같이 본능적인 욕구로, 억지로 참으면 신경질적이고 무기력해지거나 우울증을 보일 수도 있다고 한다.

나가사와는 누군가를 사랑하게 되고 그 결과 그녀와 함께 공유하게 되는 친밀감을 힘들어 했다. 존 그레이가 말한 친밀감으로부터 멀어지려는 '고무줄'의 욕구는 너무나 강했다. 와타나베는 나가사와에게서 처음부터 그것을 선명하게 느꼈지만 다른 사람들 눈에는 왜 그런 내면이 보이지 않았는지 이해할 수 없었다. 와타나베가 나가사와에게 발견한 그의 모순되고 기이한 내면은 친밀감의 상처를 가진 사람에게서 흔히 볼 수 있는 흔적이다.

『사랑, 그 설명할 수 없는』에서 율리아 파이라노, 산드라 콘라트는 애착의 어려움을 가진 사람은 관계 안에서 만성적인 불안, 긴장감을 갖기 때문에 편한 마음으로 애정 관계를 유지하지 못한다고 말한다. 이들에게 사랑은 너무나 버거운 일이다. 상대가 자신을 버리거나 자신을 전혀 사랑하지 않을 거라는 두려움이 너무 크기 때문이다. 이 같은 태도 뒤에는 부모로부터 거부당한 어린 시절의 경험이 자리 잡고 있다. 과거에 부모가 휘두르는 대로 속수무책으로 당했던 경험을 되풀이하고 싶어 하지 않아서 불안정 애착을 갖고 있는 사람들은 현재 파트너와 자신에게 상처를 주었던 과거 사이에 갈등하면서 결과적으로 애정 관계를 스스로 가로막게 된다.

율리아 파이라노와 산드라 콘라트는 처음 만남에서부터 상대방이 친밀감의 공포증을 지닌 사람인지 아닌지를 알아채기는 어렵다고 말한다. 당사자도 자신이 이런 공포증을 지닌 사실을 전혀 의식하지 못할 수도 있기 때문이다. 그냥 어느 날 갑자기 마음에서 불안감이 올라와 온몸을 옥죄는 느낌을 받으면서 본능적으로 대처할 뿐이다. 아예 처음부터 상대방이 결코 넘을 수 없는 두꺼운 내면의 장벽 뒤에 몸을 숨기고 있는 사람도 있고 일이나 취미생활, 술 등 다양한 방식으로 도피하기도 하며 헤어지자는 말을 아예 상대가 먼저 꺼내도록 만들기도 한다. 지나친 친밀감에 대해 공격적으로 반응하며 친밀감이 자기를 옥죄는 느낌을 받을 때 확 돌변해서 상대방을 아무 이유 없이 공격하기도 한다. 이처럼 친밀감을 회피하는 방법은 제각각 다양하다. 실제로 우리 주변에는 이런 식의 친밀감 회피를 능숙하게 구사하는 사람들이 있다. 어쩌면 나 자신이 그럴지도 모른다.

이 세상에서 절대 변하지 않는 것은 없다. 친밀감의 공포증 역시 변화될 수 있다. 그러나 변화되기 위해서는 자신이 친밀감의 문제를 갖고 있다는 사실을 알아야 한다. 불가피하게도 우리는 살아가면서 많은 종류의 위기와 자주 마주치고 그 가운데서 인간관계의 실수를 범한다. 그러나 상처의 고통이 있는 만큼 성장과 치유도 존재한다. 사회적 존재로서 인간은 관계를 통해 자신을 더욱 발전시킬 수 있으며 시간이 지나면서 낡은 패턴을 버릴 수도 있다. 자신이 과거에 가장 사랑하는 대상이었던 부모에 대해서 갖고 있던 생각이 모든 파트너에게 적용되는 것은 아니라는 사실을 인식해야 한다. 그래야 과거의 경험이 반복되지 않을 수 있다는 인식이 우리의 관계 속에서 조금씩 자리 잡게 되고 과거의 상처와 두려움은 서서히 완화되어 간다. 율리아 파이라노와 산드라 콘라트는 이와 같은 긍정적 경험을 쌓기 위해서는 어린 시절에 안정적인 애착 관계에서 자란 파트너를 선택하는 것이 좋다고 제안한다.

최강의 매력을 가졌던 나가사와는 안타깝게도 친밀감의 상처를 치유하지 못했다. 율리아 파이라노와 산드라 콘라트는 친밀감에 대한 무의식적인 두려움으로 인해 바람을 피우는 사람도 적지 않다고 지적한다. 친밀감의 압박감을 가라앉히기 위해 바람을 피움으로써 자유를 선택하려는 본능적인 대처수단을 피하게 하여 역설적으로 관계를 계속해서 유지하려 한다는 것이다. 이 대목에서 우리는 나가사와가 사랑하지 않는 여자들과 아무 이유 없이 왜 관계를 맺었는지에 대해 이해하게 된다. 사랑 없는 애정 관계와 섹스에서 얻게 되는 자기 환멸감과 수치심을 느끼면서까지 아무 의미 없이 이를 반복했던 것은 하쓰미와의 애정 관계에서 자연스럽게 형성되는 친밀감의 공포를 그런 식으로 완화시키려 했던 것이다. 어쩌면 그의 기이하고 냉혹하며 도저히 이해할 수 없는 행동들은 하쓰미와 애정 관계를 유지하기 위한 나름의 노력이었는지도 모른다.

나가사와는 사람들을 거느리고 자신감이 넘치는 태도로 거침없이 살아가는 듯했지만 그 마음은 언제나 '음울한 늪의 바닥에서 외롭게 몸부림치는' 사람이었다. "이 사내도 나름의 지옥을 살아가는 것이다."라는 대목이 의미 있게 다가오는 것은 바로 이 때문이다.

하쓰미는 대단히 현명하고 똑똑한 여성이었다. 나가사와 같은 남자를 어떻게 다루어야 하는지를 본능적으로 잘 알고 있었던 여자다. 그녀는 그에게 매달릴수록 사랑이 멀어진다는 것을 알기에 그를 사랑하지만 소유하려고 하지 않았고 그가 자신 곁을 언제든 떠나도 다시 돌아올 수 있는 안전지대로 느끼게 만들어 자신을 떠나지 않게 나가사와의 욕구를 잠재웠다. 그러나 비극은 나가사와의 애착과 친밀감의 능력이 지나치게 뒤틀려 버려서 도저히 평범한 친밀감도 형성할 수 없는 사람이었다는 데 있다. 그는 일상의 소소한 행복의 순간을 만끽할 수 없는 사람이었다. 함께하는 저녁 식사라든가, 주말에 소파에 누워서 보는 드라마, 일상 속에 파트너가 곁에 있어서 느끼는 든든함 같은 지극히 당연하고 평범한 것들을 유지할 수도 그리고 만들어 낼 수도 없는 남자였다.

사실 나가사와는 하쓰미를 거부하거나 버린 것이 아니었다. 다만 그는 근본에서부터 그녀를 사랑할 수 있는 사람이 아니었다. 두 사람 간에 친밀감이 빚어내는 평범한 일상의 행복을 느낄 수 없는 남자였기에 하쓰미와의 이별은 당연한 수순이었을 것이다.

애정 관계에서 문제를 겪고 있는 많은 여성은 남자친구나 남편이 거리를 두려 할 때 자신이 뭔가 잘못했다는 느낌을 받는다. 답답한 마음을 대화로 풀어 보려고 할수록 남자는 더 멀리 달아나 버리기 때문에 상대방이 더 이상 자신을 사랑하지 않는다고 생각한다. 왜 우리의 사랑이 이루어질 수 없었는지를 곱씹다가 이별의 책임이 자신에게 있을지 모른다는 두려움에 빠지게 되고 자기반성으로 결론을 내리게 될 수 있다. 배르벨 바르데츠키는 이때 만들어지는 자기 비난과 자기 회의는 자존감을 갉아먹고 더 깊은 상처를 만들어 낸다고 말한다. 또한 얼핏 보면 열렬히 사랑하는 관계인 줄 알았지만 사실 몹시 피곤하고 모든 것을 소진하게 만드는 애정 관계여서 끝내는 것은 결코 사랑의 실패가 아님을 지적한다. 이제 얽히고설킨 상처받은 마음의 실타래를 풀 수 있는 것은 끝까지 자기반성이라는 명분으로 자신을 폄하하는 것이 아니라 자신을 용서하는 것이다. 그래 야지만 떠나간 사람과 나쁜 감정을 품은 채 헤어지지 않고 또한 그를 잊을 수 있다. 자기를 용서하지 않게 되면 그만큼 그를 잊지 못하고 스스로에게 고통을 주는 셈이다.

나가사와 못지않게 너무나 매력적이던 하쓰미가 그가 떠난 후 어떤 마음의 선택을 했을까? 그리고 나는 이별의 아픔 속에서 어떤 선택을 했는지 곰곰이 곱씹어보게 된다.

3
진심으로 타인과 소통할 용기

Text Book

『우리는 사랑일까』 알랭 드 보통

Healing Book

『나는 남자를 버리고 싶다』 최광현

2013년 한국을 찾은 작가 알랭 드 보통Alain de Botton은 방송작가를 대상으로 한 강연에서 "좋은 작가란 좋은 심리학자"라고 말하였다. 작가는 인간을 이해하는 능력을 갖춰야 하며 현실을 반영하면서 눈에 보이지 않는 이면을 볼 수 있어야 한다. 나아가 독자가 '삶의 희망과 의미'를 찾을 수 있는 글을 써서 과거 종교가 했던 역할을 대신 수행해야 한다고 말하였다. 한국의 독자들은 그를 소설가, 친대중적인 인문학자로 여기고 있지만 독일의 많은 독자는 철학자로 인식하고 있다. 이렇게 보통을 바라보는 시선에는 분명한 차이가 존재한다. 나에게 보통은 인문학의 탈을 쓴 심리학자로 보인다. 그의 작품 안에는 언제나 인간 내면에 대한 관찰과 깊이 있는 사유를 담고 있으며 동시에 오늘날 심리학의 주요 기능인 '삶의 희망과 의미'를 찾아주려고 노력하기 때문이다. 알랭 드 보통이 추구하는 작가적 정체성은 단순히 인문학자를 뛰어넘어 심리학자의 영역까지 닿아있다. 이런 시각을 통해 그의 작품을 보면 좀 더 그의 작품세계 안으로 들어갈 수 있다. 그의 많은 작품 속에서 『우리는 사랑일까』는 특히 심리학자로의 역할이 잘 드러나 있다.

『우리는 사랑일까』는 광고 회사에서 일하는 24살의 여성 앨리스의 연애 이야기를 담고 있다. 앨리스의 어린 시절, 앨리스의 아버지는 사업에 지나치게 몰두한 나머지 가정을 소홀히 했다. 때문에 앨리스는 아버지에게서 친밀감을 단 한 번도 느끼지 못했다. 결국 사업이 잘 되지 않고 파산하자 앨리스의 아버지는 재산과 아내도 잃게 되었다. 어머니는 세 번째로 결혼한 남자와 마이애미에서 살고 있으며 아버지와 마찬가지로 앨리스와 친밀한 관계가 아니다. 재혼한 남자를 배려하기 위해 매몰차게 딸을 전학시켰던 어머니에게서 따뜻한 사랑을 받은 기억이 없었다. 앨리스는 조금이라도 가족 안에서 인정받고, 사랑을 얻기 위해 공부에 몰두했으나 외롭게 성장하였다. 자연스럽게 그녀가 가진 욕망 중에 사랑받고자 하는 욕망이 가장 중요해졌다. 그 이유는 '나는 나를 사랑해.'가 부족한 만큼 '당신을 사랑해.'라는 말이 더 절실히 필요했기 때문이다. 어린 시절 충분한 사랑을 받지 못했던 사람은 인생에서 가장 중요한 것이 사랑이 될 가능성이 높다. 사랑의 결핍을 보충받고자 하는 욕망에 시달리게 되는 것이다.

사랑의 결핍에 시달리는 사람은 자존감의 손상을 경험하게 된다. '당신을 사랑해.'라는 말을 들은 적이 없기 때문에 '나는 나를 사랑해.'라고 말할 수 없기 때문이다. 즉, 사랑의 결핍은 자존감의 손상을 만들어 내고 낮은 자존감으로 고통받게 된다.

룸메이트인 수지는 자존감이 높은 인물이다. 그녀는 스스로 선택하고 결정할 수 있는 여자로, 남자를 선택하는 것 역시 타인의 시선은 중요하지 않다. 반면에 앨리스는 자존감이 낮다. 그녀는 언제나 타인의 욕망과 시선이 중요하다. 다른 여자들이 갖고 싶어 하는 남자를 사랑할 수밖에 없다. 그것이 그녀의 약한 자존감을 부축해 줄 수 있기 때문이다. 수지는 다른 여자들의 욕망에는 아무런 관심이 없다. 자기가 좋으면 오케이다. 반면에 앨리스는 다른 여자들이 오케이면 자기의 내면의 욕망과는 상관없이 오케이가 된다.

'내가 2013년에 출간한 심리학 에세이 『나는 남자를 버리고 싶다』에 다른 제목을 붙인다면 '여성을 위한 공감심리학'이다. 이 책은 사랑의 기술은 외부 세계가 아닌 내면세계, 바로 내 안에 있는 자존감이 중요함을 강조한다.

> 해바라기 씨앗이 생겨나는 순간, 이미 그 씨앗 안에는 훗날 피어날 해바라기에 대한 모든 정보가 담겨 있듯이 우리 내면에 있는 자존감은 앞으로 각자가 어떤 사랑을 하게 될지에 대한 정보를 어느 정도 갖고 있다.
>
> 『나는 남자를 버리고 싶다』 p. 118.

사랑을 잘하기 위해서는 원하는 파트너를 만나고 좋은 환경을 갖고 있는 등 외형적인 요인도 중요하지만 정작 가장 중요한 것은 자존감이다. '나는 나를 사랑해.'라고 할 수 있는 사람은 단단한 자의식을 갖고 있기에 다른 사람의 행동이나 반응에 크게 영향을 받지 않고 자신의 주관대로 살아갈 수 있다.

자존감이 낮을수록 더욱 누군가의 사랑이 필요하고, 사랑을 주는 사람을 과도하게 의지하게 되며 둘 사이에 문제가 생기면 언제나 책임을 자기 자신에게 돌린다. 앨리스는 에릭과의 관계에서 발생한 어려움을 자기에게 책임을 돌리고 자신을 비난하였다. 사실 자기를 비난하면 문제의 원인을 쉽게 찾을 수 있어서 마음은 편하다. 그러나 문제의 실체와는 그만큼 멀어진다. 단지 내 성격과 인격의 문제만으로 사랑하는 사람과 행복하지 않은 것이 아니기 때문이다.

앨리스가 사랑한 남자 에릭은 은행가로서 이미 사회적 · 경제적 · 직업적으로 성공했고 앞으로도 계속해서 성공할 남자다. 그는 자신이 가진 매력으로 많은 여성에게 갖고 싶은 남자가 되었다. 유럽에서 유혹의 대명사인 이탈리아 남자처럼 그는 여자를 능숙하게 유혹할 줄 아는 남자다. 상상력이 넘치고 상대를 편안하게 해 주는 동시에 여자의 욕망을 끌어낼 줄 아는 사람이다. 유명 인사들마저 조바심 내며 예약하기를 원하는 고급 식당에서 함께 식사할 수 있게 해 주는 등 로맨틱한 데이트를 만들어 내어 여자를 기쁘게 해 줄 수 있는 사람이다. 그러나 점차 그의 외형적인 세계만이 아닌 그의 내면을 알게 되면서 앨리스는 혼란에 빠진다.

에릭은 성공, 돈, 완벽성을 추구하는 남자다. 실내 장식에서 작은 소품에 이르기까지 신경을 썼으며 그렇게 해서 자신에게 주어진 환경을 완벽하게 장악하고 통제하고 싶어 했다. 전화선이 세 번 이상 꼬여 있는 것을 참지 못하고 리모컨이나 책이 제자리에 놓여 있지 못하면 참지 못했다. 에릭은 일본의 문화 상품에 매료되어 있었다. 아파트를 일본풍으로 개조까지 하고 스시의 접시에 담겨 있는 '연출된 질서와 여백'을 사랑했다. 서구에서 성공한 남자들 중에서도 완벽주의적 성향이 강한 남자들이 더욱 동양적 아름다움, 그 중에서도 일본적인 미학이 갖고 있는 가벼움, 질서정연함, 깔끔함, 단순성의 여백에 심취한다. 대표적인 남자가 스티브 잡스다.

월터 아이작슨Walter Isaacson이 쓴 『스티브 잡스』에는 일본의 미학에 매료된 잡스의 모습이 잘 나와 있다. 음식에 있어서 강박증에 가까운 엄격함을 보이고, 식당에서 먹던 수프에 조금이라도 버터가 첨가되어 있으면 그 자리에서 뱉을 정도로 엄격한 채식주의자였지만 스시의 유혹을 이기지 못했다. 따뜻하게 익힌 장어스시를 너무나 좋아해서 장어를 '채식'이라고 얼버무리고 즐겼다. 아마도 에릭처럼 스시의 맛과 스시에 연출되는 질서와 단순성을 띤 여백의 미학을 즐겼을 것이다. 완벽주의자였던 잡스는 레오나르도 다빈치가 말한 "단순함이란 궁극의 정교함이다."라는 말을 그가 추구하는 디자인 철학의 뼈대로 삼았다.

공간심리학에 의하면 가구를 배치하는 방식은 집주인의 내면을 비추는 거울이다. 에릭이 그의 사적인 공간에서 추구했던 완벽성은 그의 내면세계의 한 단면을 드러내 주는 것이다. 에릭은 외형적으로 조화롭고 합리적이며 잘 정돈되어 깔끔하고 단정하기를 원하는 것 같았지만 사실 무질서를 극도로 두려워하는 사람이었다.

어린 시절 변호사임에도 강제 퇴직당한 에릭의 아버지는 술을 마시고 폭력을 휘둘렀고 어머니는 가정을 지키기 위해 이 사실을 자녀들에게마저 숨겼다. 사회에서 자신의 뜻대로 살지 못하고 좌절을 경험한 사람들은 자신의 가족을 통제하려고 한다. 이런 가정환경 속에서 에릭은 아버지가 이루지 못한 자기 뜻대로 인생을 제어하는 사람으로 성장하였다. 그는 인생을 기능적으로 생각했고 직업도, 연애도, 놀이도, 아파트도 잘 기능하기를 바랐다.

따라서 에릭은 자기에게 주어진 일뿐만 아니라 놀이, 휴식 모두에 최선을 다하는 사람이다. 그에게는 놀이도, 휴식도 절대로 패배해서는 안 되기 때문이다. 그는 휴식을 위해 떠난 휴가에서도 그러한 방식으로 몰두한다. 휴가도 본래의 휴식이라는 의미에 걸맞게 충실하고 효율적으로 보내야 한다는 것이다.

앨리스는 생일, 축제일, 동창 모임이나 결혼식에서와 같이 아름다운 휴가지에서도 당연히 유쾌하고 행복한 모습을 연출해 내어야 한다는 에릭의 모습을 받아들이기 힘들었다. 앨리스는 이국의 아름다운 휴가지에 와 있다는 것만으로 무조건 행복할 수 없었다. 그녀에게는 기능보다 자신의 감정이 더욱 중요했기 때문이다.

기능적인 삶을 사는 사람은 수많은 일에서 재미를 찾지만 자신을 대상으로는 재미를 느끼지 못한다. 자신이 관여하는 활동의 성공과 진지함에 매몰되어서 모순을 인식하는 폭이 좁다. 그들은 본인의 성격이나 인간 본연의 깊은 결함과 직면하는 것을 피한다.

에릭은 또한 매사 모든 일에 충실하게 몰두하지만, 자기 내면과 만나는 일체의 모든 작업을 하려고 하지 않는다. 에릭은 자기감정을 만나고, 자아를 찾는 모든 일을 극도로 피했다. 하지만 앨리스는 여기에 매우 민감한 사람이었고 이것이 두 사람 사이에 장벽을 쌓게 되었다. 자기의 내면을 만나지 않으려는 에릭이 악의 없는 태도로 앨리스를 대했지만 결과적으로 앨리스에게 '나쁜 남자'가 된 것은 바로 그의 부족한 소통 능력 때문이라고 말할 수 있다. 자기의 내면을 만나지 않으려는 사람은 사회적인 기능적 소통은 가능하지만 진실한 따뜻함이 우러나는 감정이 묻어 있는 소통이 불가능하기 때문이다.

『나는 남자를 버리고 싶다』에는 세상 어디에도 없는 '나쁜 남자'란 단순한 감정의 욕구를 감정의 '혼란'으로 여기는 사람이라고 말한다. 외롭거나, 울적하고 슬프고, 위로받고 싶은 감정은 자연스러운 것인데도 그대로 받아들이지 못하고 회피하려고 한다. 감정이 복잡하게 엉켜 한꺼번에 몰아치면 당황해서 회피하거나 미친 듯이 일하거나 성욕에 탐닉해서 원래의 감정과 상관없는 방식으로 해소하려고 한다.

에릭은 감정에 있어서 무심하고 아무것도 못 느끼는 사람인 것으로 보이지만 사실 오히려 더욱 감정에 민감한 사람이다. 다만 감정의 욕구가 올라오면 보통 사람들은 이것을 해소할 대상으로 보지만, 그는 감정의 혼란으로 보았다. 감정적인 요구를 피하려고 했고 이것은 앨리스에게 상처와 혼란을 주었다. 그녀는 에릭이 그녀의 감정의 요구에 공감해 주고 해소하는 데 도움 줄 것을 기대했기 때문이다.

『나는 남자를 버리고 싶다』에서는 감정의 욕구를 회피하는 남자가 갖게 되는 최고의 피해는 바로 소통 능력의 결여라고 말한다.

> 사랑이라는 감정은 상대방이 알 수 있는 방법으로 전해야
> 지속될 수 있다. 그리고 그 과정을 '소통'이라고 한다.
>
> 『나는 남자를 버리고 싶다』 p. 56.

사랑이 전달되기 위해서는 반드시 감정이 사용되어야 하기에 감정을 혼란으로 자각하는 에릭은 "의사소통할 수 있는 모뎀 같은 기본 요소도 갖추지 못한(p. 231.)" 남자였다.

사실 에릭과 앨리스 사이에는 격렬한 사랑 싸움이 존재하지 않았다. 두 사람 사이에 살얼음판 같은 긴장이 흐르지만 이것이 구체적으로 표출되어 서로를 공격하고 실망감과 분노를 표현하지는 않았다. 반면에 수지와 그의 남자친구 매트는 달랐다. 서로에게 악을 쓰고, 욕을 하지만 금방 화해하고 언제 그랬냐는 듯이 죽고 못 사는 커플이 되었다. 그들은 반대되어 양립할 수 없을 것 같은 분노와 사랑 두 가지를 자연스럽게 받아들였고 통합할 줄 알았다.

앨리스가 수지 커플처럼 격렬하게 싸우는 것을 원한 것은 그를 통해 얻게 되는 것, 자기의 속마음을 털어놓는 진실한 소통, 바로 그것이었다. 앨리스는 에릭에게 심리적인 공격을 가했지만 에릭은 회피했다. 에릭은 휴가지에서 본래의 목적인 즐거움을 방해할 감정적 대립을 허용하지 않았다. 어떤 구체적인 싸움도 일어나지 못했고 진실한 소통을 나눌 기회는 생기지조차 못했다.

앨리스와 에릭의 관계가 혼란으로 치달을 때 앨리스는 필립을 만

나면서 그녀가 갖고 있던 혼란을 알게 되고 앨리스와 에릭의 관계
는 종말을 맞는다.

　필립은 앨리스의 말에 기꺼이 귀를 기울이면서 '절약형 심리치료
사'의 역할을 수행하였다. 그녀에게 자꾸 말을 하고 싶게끔 하는 호기
심과 그에게는 편하게 말해도 될 것 같은 정직함을 느끼게 만들었다.
첫 만남에서부터 에릭은 허용하지 않은 그녀의 어린 시절의 상처를
이야기할 수 있었다. 앨리스가 그토록 에릭과 나누고 싶었으나 그럴
수 없었던 소통에 대한 열망을 필립하고는 자연스럽게 나눌 수 있었
다. 오래 만난 것도 아니며, 아직 서로를 몰랐음에도 불구하고 말이
다. 하지만 에릭하고는 "만날 때는 표현할 수 없는 긴장감이 감돌거
나, 매몰차게 견해가 갈리기 쉬웠다.(p. 311.)"

　쉽게 말해서 필립하고는 소통이 가능했다는 점이다. 서로 잘 모
르고 사랑하지 않고, 그만큼 신뢰하지 않았음에도 편하고 자연스럽
게 솔직한 이야기를 나눌 수 있었다. 앨리스에게 필립은 소통이 되
는 심리치료사였던 것이다.

　그녀가 갖고 있는 감정적 갈망, 사랑받고자 하는 욕망은 외형적 조
건으로 채워지지 않는다. 상대방의 감정을 인정하고 반응을 보여 줄
수 있는 필립에게 점점 이끌릴 수밖에 없었다.

　이제 두 사람 사이에서 관계의 권력이 에릭에서 앨리스에게로 넘
겨진다. 필립이라는 남자를 통해 더 이상 에릭에게 조급하거나 안
달하지 않게 되자 에릭과의 관계에서 동등해짐을 넘어 우위를 차지
하게 된다. 그러자 에릭이 앨리스를 잡으려고 사랑한다는 말을 하
게 된다. 과거에 들었다면 기뻐했을 말이었겠지만 이젠 그 말이 냉

소적으로 들렸다. 종종 관계를 끝내는 것을 막기 위해 성급하게 '사
랑한다' '결혼하자'고 말한다. 그러나 이 고백의 비극은 언제나 고
통이 더 연장될 뿐이라는 것이다. 그것은 진짜 사랑의 고백이나 청
혼이 아니기 때문이다. 단지 떠나는 상대방을 잡기 위한 필사적인
마지막 노력일 뿐이다. 에릭이 줄 수 있는 것은 "런던의 레스토랑
을 훤히 아는 것, 우아한 아파트, 사회의 사다리에서 굳건한 지위를
차지한 것(p. 378.)"이었다. 그러나 앨리스에게 이런 요소는 부차적
인 것이었다.

에릭의 우위 내용

에릭

사회적 경쟁에서의 우위
고급 스포츠카 소유
우아한 아파트 소유
성공적인 화이트칼라 직업
(성공한 의사 출신의 사업가,
은행가)

평범한 블루칼라 직업:
음향 기술자
소형차 소유
사회적 · 경제적인
요소에서 에릭에게
모두 뒤처짐

남성적 매력의 우위
모든 여자가 탐낼
매력을 소유
우아하고 품위 있는 매너

사람 좋다는
인상을 주지만
모든 여자에게
매력적이지는 않음

필립

필립의 우위 내용

필립

관계 능력에서의 우위
따뜻하고 편안한
관계를 만드는 능력 우수함
배려가 뛰어남

친밀감 있게
행동하다가도
냉정해져서 상대방을
혼란스럽게 만듦

상대방을 불안하고
긴장하게 만듦

배려 부족

소통 능력에서의 우위
공감 능력 우수함
상대방의 감정에 반응해 줌
경청 능력 우수함
상대방의 속 이야기를
들어줄 수 있는 따뜻함

공감 못함

감정을 피함

경청 부족

상대방의 속 이야기를
들어주지 않음

에릭

　사랑의 욕구가 어떤 욕구보다 중요했던 앨리스에게 사랑받는다는 느낌은 존재를 인정받는다는 것을 의미했다. 사랑은 소통의 과정을 통해서 얻을 수 있는 열매다. 사랑의 다른 말은 공감이다. 공감과 이해를 받았을 때 사람은 비로소 자신이 사랑받는다고 느낀다. 앨리스는 자신의 감정적 욕구에 대해서 공감과 이해를 받고 싶었던 것이다. 여자에게 대화는 소통의 행위 이상이다. 여자에게 소통의 결핍은, 남자는 받아들이기 어렵겠지만 사랑의 결핍을 의미한다.

『나는 남자를 버리고 싶다』에서 '나쁜 남자'는 바로 소통의 의지가 없고 상대방의 감정을 읽고 공감하려 하지 않는 남자라고 말한다. 모든 것을 갖추고 있는 듯했던 에릭은 여기에 포함되는 남자였다.

알랭 드 보통은 소통이 되는 필립과 모든 것을 가졌지만 소통이 불가능한 에릭을 통해 '과연 그녀는 누구와 계속 이야기하고 싶을 것인가?'란 질문을 던지며 과연 어떤 관계가 우리에게 필요한 것인지 묻는다.

4
절망 속에서도
작은 희망을 발견해 낼 용기

Text Book

『나미야 잡화점의 기적』 히가시노 게이고

『살아온 기적 살아갈 기적』 장영희

『추억의 절반은 맛이다』 박찬일

Healing Book

『죽음의 수용소에서』 빅터 프랭클

　장영희 교수의 『살아온 기적 살아갈 기적』에는 그녀가 어린 시절 경험했던 한 사연이 소개되어 있다. 소아마비를 앓고 있는 그녀는 골목에서 아이들이 뛰어놀 때 함께 놀 수가 없었다. 그녀의 어머니는 아이들이 노는 걸 구경이라도 하라고 대문 앞 계단에 작은 방석을 깔고 거기에 앉혔다. 당시 골목은 아이들이 신나게 뛰어노는 놀이터였다. 요즘과는 달리 골목마다 아이들이 술래잡기, 사방치기, 공기놀이, 고무줄놀이 하는 요란한 웃음소리로 가득하였다. 골목 모퉁이에 위치했던 장 교수의 집 앞은 언제나 아이들의 놀이 무대가

펼쳐졌다. 그녀가 초등학교 1학년 무렵 다른 아이들에 비해 일찍 수업이 끝나서 혼자 계단 앞에 앉아 있었다. 그때 마침 엿장수가 가위를 찔렁이며 골목을 지나고 있었다. 목발을 옆에 두고 대문 계단에 앉아 있는 그녀를 흘낏 보고 지나쳐 갔다가 엿이 담겨 있는 리어카를 두고 다시 돌아와 그녀에게 깨엿 두 개를 내밀었다.

> 순간 아저씨와 내 눈이 마주쳤다. 아저씨는 아무 말도 하지 않고 아주 잠깐 미소를 지어 보이며 말했다. "괜찮아." 무엇이 괜찮다는 건지 몰랐다. 돈 없이 깨엿을 공짜로 받아도 괜찮다는 것인지, 아니면 목발을 짚고 살아도 괜찮다는 말인지……. 하지만 그건 중요하지 않다. 중요한 것은 내가 그날 마음을 정했다는 것이다. 이 세상은 그런대로 살 만한 곳이라고, 좋은 친구들이 있고 선의와 사랑이 있고, '괜찮아'라는 말처럼 용서와 너그러움이 있는 곳이라고 믿기 시작했다는 것이다.
>
> 『살아온 기적 살아갈 기적』 pp. 130~131.

소아마비를 앓아 어릴 적부터 평생 목발에 의지해서 살아야 했던 운명을 딛고, 그녀가 세상을 향해 당당히 나올 수 있게 해 주었던 사람은 엿장수 아저씨였다. 엿장수는 당시 한국의 직업카스트제도 속에서 가장 밑바닥에 있던 사람이었다. 그가 아무런 대가를 바라지 않고 호의로 내민 두 개의 깨엿은 그녀가 인생을 살아갈 수 있게 하는 용기를 북돋아 주는 말이 되었다.

『나미야 잡화점의 기적』에는 엿장수가 우연히 내민 깨엿에 '살아갈 기적'을 체험하게 된 장영희 교수처럼, 좀도둑들이 내민 상담에 '살아갈 기적'을 체험하는 사람들의 이야기가 있다.

잡화점의 원래 주인은 인생의 깊이를 아는 따뜻한 시선을 가진 노인이다. 노인은 인생의 문제를 갖고 오는 사람들의 심리를 꿰뚫어 보는 사람으로 평범한 동네 잡화점 주인으로 살아왔지만 지혜로운 노인이었다.

정신분석과 인류학을 통해 인간의 생애주기를 연구한 심리학자 에릭슨Erik Erikson은 노인의 미덕은 지혜라고 말한다. 사실 노인은 고대로부터 지혜를 상징하는 존재다. 그러나 우리 주변 노인 중에 지혜로운 분은 흔하지 않다. 젊은 시절 학식이 높은 교수였거나 많은 사람에게 영향력을 미친 CEO였다고 하더라도 그에게서 지혜로운 모습을 찾지 못하는 경우가 적지 않다. 지혜는 지식과 풍부한 경험을 얼마나 갖느냐의 문제가 아닌 것이다. 놀라운 성공의 경험은 오히려 지혜로움을 방해하는 요소가 된다. 왜냐하면 오직 자신의 성공 경험으로만 세상을 보게 만들기 때문이다. 지혜로움은 풍부한 지식과 경험에서 나오는 것이 아니다. 세상에 대한 다양성과 다른 시각을 수용하고 이해하는 능력에서 얻게 되는 것이다.

지혜로운 노인을 대신해서 상담을 해 주게 된 세 명의 좀도둑은 아직 지혜도, 인생에 대한 따뜻함도, 삶에 대해 여유로운 자세도 갖지 못한 '환광원' 출신의 고아다. 그럼에도 그들이 가진 따뜻하고 선한 본성이 나미야 잡화점의 기적을 만들어 가며 사람들의 마음을 움직인다. 그들이 가진 선한 본성은 위기에 놓인 사람들에게 삶의 온기인 희망을 얻게 하였다.

에릭슨은 세상에 태어난 아기가 최초로 얻게 되는 심리적 강점이 바로 '희망'이라고 말한다. 더없이 행복한 아기라도 엄마가 없어지면 보살핌의 손길이 없어진 줄 알고 엉엉 울면서 절망을 느끼게 된다. 그러다 엄마가 다시 돌아오면 이내 안도한다. 이러한 상황을 여러 번 경험하면 힘든 상황에서도 곧 나아질 것이란 학습을 하게 돼 절망을 막아 주는 희망을 형성하게 된다. 아기 때 형성한 희망은 수많은 좌절과 실패 속에서도 아기를 지켜 주고 건강한 정서를 가진 한 성인이 되도록 이끈다. 아기가 세상에 태어나 대소변을 가리고 음식을 먹는 것, 옷을 입고 신발을 신는 법 등 모든 것을 스스로 할 수 있기까지 많은 실수를 경험하지만 절망하지 않는 것은 희망의 능력 덕분이다. 만일 어떤 아기가 유아기에 적절한 돌봄과 따뜻한 보살핌을 받지 못했다면 희망이 싹트지 못하고 절망감을 기반으로 인생을 시작하는 비극을 갖게 된다. 우리는 영아기를 거쳐 유아기, 학령전기, 학령기, 청소년기, 청년기, 성년기, 장년기로 성장한다. 유아기 때 희망을 배웠다면 장년기에 우리가 배우게 되는 것은 '지혜'라고 말한다. 인간은 태어나서 희망을 품고 인생을 살아가다가 성인이 되었을 때 지혜를 구하게 되는 존재다.

나미야 잡화점의 주인 노인은 말한다.

　나미야 잡화점의 지혜로운 노인은 문제해결을 위해 찾아오는 사람들에게 가장 중요한 것은 본인 스스로의 '마음가짐'이라는 사실을 알고 있다.

　만일 내가 커다란 고통에 빠져있을 때 한 명의 심리학자를 선택할 수 있다면 나는 주저하지 않고 바로 빅터 프랭클에게 갈 것이다. 심리학의 역사 속에서 희망과 지혜에 대해 가장 깊이 있는 성찰을 제공한 사람이 빅터 프랭클V. Frank일 것이다. 다른 심리학자들과는 달리 그의 이론은 자신의 철저한 경험 속에서 우러나온 것이기 때문이다. 오스트리아의 유대인 의사로 2차 세계 대전 당시 아우슈비츠에 수용되어 그의 아내를 비롯한 가족을 모두 잃었으며 다카우 수용소로 옮겨진 후 극적으로 미군에 의해 풀려났다. 그는 강제수용소에서의 체험을 심리학자의 시선에서 서술한 책 『죽음의 수용소에서』를 썼다. 프랭클은 아우슈비츠에 수감되어 있는 동안 인간의 존엄성을 지키려고 했으며 동료 수감자들의 괴로움을 돌보면서 마음속으로 언젠가 집으로 돌아가 이곳에서 체득한 심리학적 교훈을 강의할 수 있는 날이 오기를 꿈꾸었다. 프랭클을 죽음의 절망 속에서 구원해주는 것은 바로 '미래에 대한 희망'이었다. 그는 미래에 대한 희망이야말로 인생의 절망 속에 있는 사람에게 놓인 최후의 자유라고 말한다.

즉, 희망은 우리에게 주어진 객관적인 환경에서 오는 것이 아닌 우리 스스로의 '마음가짐'에 속한다는 것을 의미한다.

나미야 잡화점으로 숨어든 세 명의 좀도둑은 음악을 계속해야 할지 아니면 집안의 생선가게를 물려 받아야 할지 고민을 담은 생선가게 뮤지션이란 익명의 고민 상담 편지를 받는다. 좀도둑은 "기타 따위는 내려놓고 당장 생선가게를 물려받으세요.(p. 127.)"라고 답을 한다. 이 편지를 받은 생선가게 뮤지션은 편지를 든 손이 부들부들 떨릴 정도로 분노가 치밀어 올라왔다. 그는 이미 음악을 내려놓고 아버지의 생선가게를 물려받으라는 답장을 예상 했지만 막상 예상한 답장을 받고 나니 상담을 해 준 나미야 잡화점에 크게 실망한 것이다. 생선가게 뮤지션은 자신의 기분을 다시 전한다. 그러나 답장은 "잘나가는 사람들을 보세요. 주목을 받기까지 별로 시간이 걸리지 않아요. 특별한 빛을 가진 사람은 반드시 누군가 알아봐 주는 거예요. 그런데 당신을 알아본 사람은 아무도 없잖아요. 그걸 인정해야죠.(p. 132.)" 생선가게 뮤지션은 다시 큰 충격을 받는다. 이번에는 서운함과 실망의 감정을 전하기보다 솔직한 심정을 적어 보낸다. "말하자면 짝사랑에 빠진 심정이에요. (음악에 대해) 이루어지지 않을 사랑이라는 것을 잘 알면서도 잊지 못하고 있는(p. 134.)"

이젠 좀도둑에서 나미야 잡화점의 상담사로 변한 세 명은 그동안 자기의 현실을 보라고 직면시키던 접근에서 180도 바꾸어 그에게 가장 절실한 내용을 들려준다.

생선가게 뮤지션 님께

세 번째 편지, 잘 읽었습니다.

(중략)

　　다만 한 가지, 당신에게 꼭 해 주고 싶은 말이 있습니다. 당신이 음악 외길을 걸어간 것은 절대로 쓸모없는 일이 되지는 않습니다. 당신의 노래에 구원을 받는 사람이 있어요. 그리고 당신이 만들어 낸 음악은 틀림없이 오래오래 남습니다. 어떻게 이런 말을 할 수 있느냐고 묻는다면 대답하기가 곤란하지만, 아무튼 틀림없는 얘기예요. 마지막까지 꼭 그걸 믿어 주세요. 마지막의 마지막 순간까지 믿어야 합니다. 그 말밖에는 할 수가 없네요.

『나미야 잡화점의 기적』 p. 142.

　　생선가게 뮤지션 가쓰로는 편지를 받고 여전히 자신이 음악을 포기하지 않을 것을 알고 있다는 점에 "남의 마음을 훤히 꿰뚫어 보는 것 때문에 '고민 상담이라면 나미야 잡화점'이라는 명성(p. 143.)"을 얻었을 거라고 생각하였다. 그리고 그는 큰 용기를 얻고 편지로 고민을 적어 보내는 것을 끝낸다. 그가 얻고 싶은 답을 얻은 것이다.

　　나미야 잡화점의 원래 주인 노인이 아들에게 들려주었던 말이다.

내가 몇 년째 상담 글을 읽으면서 깨달은 게 있어. 대부분의 경우, 상담자는 이미 답을 알아. 다만 상담을 통해 그 답이 옳다는 것을 확인하고 싶은 거야. 그래서 상담자 중에는 답장을 받은 뒤에 다시 편지를 보내는 사람이 많아. 답장 내용이 자신의 생각과 다르기 때문이지.

『나미야 잡화점의 기적』 p. 167.

나미야 잡화점의 노인이 이미 알고 있었듯이 상담이 필요한 사람들은 문제를 해결할 조언을 구한 것이 아니었다. 그들은 자신이 가야 할 길을 이미 알고 있다. 그들에게 가장 필요한 것은 희망과 용기였던 것이다. 나미야 잡화점에서 이루어진 놀라운 상담은 삶의 위기에 처한 사람들이 희망과 용기를 발견하도록 하였기에 기적이 일어난 것이다. 절망적인 위기 속에서 우리에게 정말 필요한 것은 유용한 조언이 아니다. 어쩌면 나미야 잡화점 노인의 말처럼 답은 우리가 갖고 있는 건지도 모른다. 정말 필요한 것은 희망이다. 이런 사실을 알고 있는 지혜로운 상담사가 나 역시 그리워진다.

박찬일 셰프의 『추억의 절반은 맛이다』에는 그의 어린 시절 누이와의 추억이 담겨 있다. 대학은 꿈꿀 수도 없던 가난한 시절, 살림살이가 넉넉하지 않은 가정에서 작은누이는 일찍 회사에 취직해 사환 노릇을 하면서 돈을 벌었다.

누이는 꼭 내게만 볶음밥을 시켜 주고 자기는 마치 '나는 속이 좋지 않다.'던 어머니처럼, 그렇게 맨입으로 앉아 내 입에 밥숟갈이 들어가는 걸 흐뭇하게 들여다보곤 했다. 그래봤자, 그 누이의 나이 고작 스무 살 초입이었을 테다.

『추억의 절반은 맛이다』 p. 217.

박찬일 셰프에게 볶음밥은 마음에 위로를 되살려 주는 추억의 음식이다. 그래서 박찬일 셰프는 어디든 여행을 갔을 때 그 동네에 볶음밥을 하는 음식점이 있으면 꼭 들러서 볶음밥을 주문한 다음 누이의 추억을 떠올린다고 한다. 누이가 볶음밥을 사줬던 일을 회상하다보면 어느새 눈시울이 붉어진다. '나는 속이 좋지 않다' 며 아무것도 시키지 않고 자신이 먹는 것을 흐뭇하게 보는 누이의 모습을 생각하면 따뜻한 마음이 느껴지고 가슴 한편에 온기가 깃든다. 세상살이에 지치고 만사가 힘들 때 박찬일 셰프에게 볶음밥 한 접시는 세상이 결코 힘들기만 한 곳이 아니라는 삶의 희망과 용기를 주는 마음의 기적을 일으킨다. 박찬일 셰프가 세상살이에 지치고 만사에 힘들어할 때 그에게 볶음밥 한 접시는 세상이 결코 힘들기만 한 곳이 아니라는 삶의 희망과 용기를 주는 마음의 기적을 일으킬 것이다.

인생의 벽 앞에 놓여 있을 때마저 '본인의 마음가짐'은 중요하다.

여기서 우리에게 꼭 필요한 희망을 줄 수 있는 사람을 찾아보자. 그 사람은 나미야 잡화점에 나온 인생의 막판에 몰린 좀도둑일 수 있고 박찬일 셰프처럼 누이이거나 장영희 교수에게 '괜찮아' 라고 말해 줬던 엿장수처럼 우리 주변에 다양한 모습으로 있을 것이다. 우리가 인생에서 혼자 이루어 낸 성공과 행복은 없다. 누군가 베풀었을 도움이 성공과 행복의 연쇄 과정을 만들었을 것이다. 그런 연쇄 과정의 단초를 제공한 사람들을 기억하고 감사할 수 있다면 인생은 더욱 살맛나는 것이 될 것이다. 그러기에 미래에 대한 희망을 놓을 수 없다.

5
지금, 이 순간을
충실히 살아갈 용기

Text Book

『비행운』, 김애란

Healing Book

『문명 속의 불만』, 『정신분석학의 근본 개념』
지그문트 프로이트

　대학을 졸업할 무렵 나는 그동안 호감을 갖고 있던 한 여성에게 용기 있게 접근했지만 여지없이 나와 사귈 마음이 전혀 없다는 사실을 듣고 크게 실망한 적이 있다. 마음을 드러낼 용기를 발휘하기까지 수많은 생각과 결심이 필요했지만, 정작 차이고 나니 당시 가을의 분위기가 더욱 외롭고 쓸쓸함을 주는 듯했다. 나는 자취방의 창문에서 앞 건물에 가려져서 잘 보이지는 않았지만 환하게 밝은 보름달을 보았다. 달을 보고 순간 지금 나는 좋아하는 여자에게 차이고 신세가 말이 아니지만 언젠가 앞으로 적어도 5년 안에는 진짜 짝을 만나고 결혼도 할 수 있을 것이다. 그리고 아직 서로의 인연을 모르고 살아가고 있겠지만 그녀도 이 아름다운 달 아래 어딘가에 살고 있을 것이라는 생각을 하면서 마음을 위로한 적이 있다.

미래는 현재 삶의 고단함과 피로를 해결까지는 아니지만 완화시켜줄 수 있는 진정제 역할을 한다. 과거는 한때 현재였지만 지금은 사라져서 다시는 돌아올 수 없는 순간이다. 미래는 현재가 되기 위해 기다리고 있는 순간으로, 닥치기 전까지는 정체를 알 수 없다. 우리에게 미래는 현재와 다른 불확실성이 존재하기에 희망과 꿈을 제공해 주는 곳일 수 있다. 프로이트Sigmund Freud는 『문명 속의 불만』 속 몇 편의 논문을 통해 미래에 대해 언급한다. 프로이트에 따르면 미래는 환상이다. 삶의 위기와 고통 중에 있는 사람에게 미래는 환상의 대상이 될 수 있다. 그러나 어떤 사람에게는 미래가 환상이기보다 고통의 연장선이다. 과거의 불행이 미래에도 반복될 수 있다고 믿고 우울과 불안에 빠지게 된다.

어린 시절, 동네 어른 중에 언제나 자기의 꿈을 말하기를 좋아하는 분이 계셨다. 자기의 직업은 약사인데 언젠가 암을 정복하는 약을 발명할 것이라는 꿈이었다. 처음 내가 그 말을 들었을 때 매우 감동 받았고 나도 무언가 미래에 대한 꿈을 가질 필요가 있다고 느꼈다. 그러나 학년이 올라갈 때마다 그분은 언제나 똑같은 말만 되풀이 하셨다. 내가 고등학교 2학년 때에도 그분은 같은 이야기를 하고 있었는데 처음 그 이야기를 들었을 때가 중학교 1학년 때였으니 그 사이 꽤 시간이 흘렀다. 암을 정복하는 약을 개발하려면 연구소에 있거나 무언가 관련 연구 환경을 갖고 있어야 한다고 생각했다. 그러나 그분은 우리 동네 약국에서 일하고 있었다. 그제야 그분의 말이 말 그대로 실현 가능하지 않은 단지 희망사항일 뿐이라는 사실을 깨닫게 되었다. 당시 나는 그분을 허풍쟁이로 생각했다. 하지만 그분의 나이와 비슷해진 지금, 그분의 심정이 이해가 된다. 아마도 약대를 갈 때만 해도 부푼 꿈을 안고 인류를 위해 무언가 공헌하겠다는 생각을 가졌을 것이다. 그러나 생각대로 삶이 흘러가지 않았고 평범하게 동네 약국을 운영해야 하는 현실 앞에 그분은 계속 말하는 것을 통해 여전히 과거의 꿈을 잊지 않고 실현하고자 하였을 것이다. 꿈을 현실로 바꾸기에는 역부족이지만 적어도 현실의 좌절을 위로해 줄 수 있는 환상의 역할을 하기에는 충분했을 것이다.

프로이트는 『문명 속의 불만』에 있는 소논문 「환상의 미래」를 통해 미래가 비현실적인 환상과 연결될 수 있음을 지적한다. 우리를 고통과 문제 앞에서 절망하지 않고 버틸 수 있게 해 주는 것은 개인의 의지력이 아니다. 우리가 금단 현상과 같은 후유증이 없는 환상이라는 마취약을 얼마나 사용할 수 있는가다. 경제적으로 힘들어 매일매일 돈 문제에 시달릴 때 로또 한 장을 사들고 나오면서 순간 '당첨되면 어떻게 쓸까?'라는 환상은 마음에 작은 여유가 되어 퍼져 나간다. 적어도 한 주 동안은 로또 한 장이 구매를 위해 쓴 액수 이상으로 우리에게 힘을 줄 수 있다. 지금보다 나은 내일을 꿈꾸는 것만으로도 현실의 고단함과 절망을 이기게 해 줄 수 있다.

김애란의 소설 『비행운』에는 힘겨운 삶의 한가운데에 놓인 여러 부류의 사람이 나온다. 그중에 「물속 골리앗」은 도저히 희망이라고는 한 줄기의 빛도 비치지 않는 절대 절망의 상황이 전개된다. 주인공인 어린 사춘기 소년의 부모가 '강산아파트'로 이사 온 것은 20

년 전의 일이다. 부모는 20년 동안 주택담보대출을 다 갚고 드디어 집의 주인이 되었을 때 동네 전체가 재개발구역으로 지정되면서 20년 만에 집의 진짜 주인이라고 주장하는 사람이 나타나 집을 빼앗긴다. 보상금도 터무니없이 적어 다른 곳으로 이사 가는 것은 불가능했다. 이때 소년의 아버지는 신도시 공사 현장에서 40미터 타워크레인에 올랐다 실족사한다. 하지만 아버지의 사망 이유는 불분명하다. 동네 사람들은 이미 하나둘 떠나고 아파트에 남은 사람은 주인공과 어머니 둘뿐이다. 50년 만의 폭우가 모두 떠난 동네를 엄습한다. 재개발 지역으로 주민 소개령이 된 이곳은 더 이상 사람 사는 곳이 아니다. 사람이 산다고 하더라도 최소한의 어떤 보호도 받을 수 없는 이방인의 땅이다. 어머니와 주인공은 전기도 안 들어오는 건물에 고립되어 구조대가 오기를 기다린다. 그 와중에 어머니마저 당뇨약이 다 떨어져 쇼크로 갑자기 세상을 떠난다. 주인공은 철거 아파트에서 잊힌 채 철저하게 고립된다. 아무도 그의 존재를 모른다. 계속해서 비는 내린다. "그만하세요. 네? 제발. 그만해. 그만하라고. 씨발!(p. 108.)" 소년의 외침이 마음에 느껴진다. 어린 주인공은 집을 탈출해서 물속을 헤엄쳐 타워크레인 운전실로 올라간다. 겨우 안전지대에 도착한 그는 다시 자신이 혼자라는 무서운 고독에 노출된다. 그는 그곳에서 '정체불명의 물체'를 향해 손을 뻗는다. 그리고 그것이 라면 한 개와 1.5리터짜리 사이다 병이라는 사실을 알게 된다. 그 순간 주인공은 아버지의 존재를 느낀다. 타워크레인에서 실족사했던 아버지가 자기를 보호한다는 생각을 하게 된다. 그리고 지금까지 살면서 받은 최고의 선물을 들고 그 맛을 음미한다.

재개발의 억압, 착취, 자연재해가 만들어 낸 비극 속에서 어린 소년이 겪어야 하는 고통의 실체는 재개발의 거대 폭력이나 폭우가 아니다. 그것은 절대 고립감이다.

> 왜 나만 남겨 두신 거냐고, 왜 나만 살려 두신 거냐고,
> 이건 방주가 아니라 형틀이라고.
>
> 『비행운』 p. 118.

이 고독 속에서 마치 환상과 같은 일이 일어난다. 힘겹게 타워크레인을 올라왔을 때 그를 기다리던 선물이 있었다. 그가 가장 필요로 하는 것, 바로 음식과 음료였다. 라면과 사이다는 그에게 '의미 있는 우연, 동시성'이 된다. 아버지가 자신을 보호하고 있다고 느끼는 순간 더 이상 그는 혼자가 아니었다. 타워크레인으로 인해 세상을 떠난 아버지가 타워크레인으로 목숨을 부지하게 된 아들을 보호한다. 평생 공사장에서 성실하게 일해서 20년 만에 내 집을 마련했으나 너무나 터무니없이 모든 것을 빼앗기고 목숨마저 내어 준 아버지의 선물이다. 라면과 사이다가 가져다준 것은 단지 먹을거리가 아니라 그에게 가장 필요한 환상이었다. 이제 그는 살아남기 위해 누군가를 기다린다.

고통의 한가운데 있는 사람에게 미래는 현재를 버틸 수 있게 하는 환상이 될 수 있다. 지금보다 더 나은 삶이 되기를 바라는 희망

속에서 원하는 미래의 모습을 꿈꿀 수 있다. 미래는 소망하는 모습을 실현해 줄 무대가 된다. 소망을 투사하는 무대인 것이다. 그러나 어떤 사람에게 미래는 예측 가능한 미래다. 과거의 힘겨웠던 고통이 재연되는 고통의 무대인 셈이다. 이들에게 미래는 환상의 대상이 되지 못한다. 그러면 고통에서 벗어날 수 있다는 어떤 기대도 희망도 품을 수 없게 된다.

『문명 속의 불만』에는 "현재가 과거가 된 뒤에야 미래를 판단하는 전망대 구실을 할 수 있다.(p. 168.)"라는 말이 있다. 프로이트는 현재를 통해 미래를 볼 수 없고 오직 과거의 시간을 통해 미래를 볼 수밖에 없는 사람이 있다고 말한다. 힘든 과거를 갖고 있는 사람에게 미래는 환상의 대상이 아닌 언제나 불안하고 암울한 곳일 수 있다. 행복했던 경험이 없었던 사람은 미래를 두려워한다. 미래 역시 지금과 같이 힘들 것이라는 불안이 그들을 더욱 힘들게 만든다. 이들은 비현실적인 환상으로도 미래를 볼 수 없는 사람으로 가장 절망적인 현실에 놓인 사람이다. 상담실을 찾아오는 많은 젊은이 중에는 미래에 대한 불안감으로 찾아오는 경우가 많다. 그들은 현재에 머물지 못하고 불행했던 과거에 집착하거나 미래를 염려하는 순간 불안감에 사로잡히고 우울증에 시달린다. 그들이 더욱 미래에 집착하고 미래를 위해 무언가 하려고 하면 더욱 무기력해지고 우울해진다.

내 제자의 아버지는 어린 시절 너무나 가난했던 사람으로 힘든 환경에서 대학을 졸업하고 사회의 한 일원으로 성공적으로 자리를 잡았다. 누가 보더라도 그는 자수성가한 사람이고 불행을 이긴 대단한 사람이었다. 하지만 그는 어느 순간부터 미래를 염려하기 시작하였다. 아직 먼 미래인 노년기를 대비해서 열심히 저축하고 절약하면서 살았다. 여기까지는 좋았으나 가족에게도 똑같은 방식을 강요하였다. 예를 들어, 바나나도 통으로 산 적이 없다. 딱 하나를 사 들고 와서 가족이 보는 앞에서 혼자 먹었다. 그는 가장이고 남편이고 아버지였다. 그의 이런 자린고비 같은 행동은 가족이 참을 수 있는 범위를 넘어서게 하였다. 그는 어린 시절 늘 미래만 보고 달려오면서 현재의 불행을 극복했다. 그러나 지금 그는 다시 미래만 보고 달려가고 있다. 당연히 누려야 할 작은 삶의 여유도 기쁨도 허용하지 않은 채 미래의 노년만을 준비하며 살아가고 있다. 아무런 도움 없이 혼자서 모든 위기를 극복해야 했던 과거를 그는 잊지 못하고 미래도 그럴 것이라고 믿고 있었다. 그는 단지 과거와 미래에만 살지, 현재란 존재하지 않았다. 정신분석가로, 게슈탈트 치료를 창안한 독일 출신의 심리치료사 프리츠 펄스Fritz Perls는 현재 속에 살기를 거부하는 것의 직접적인 결과가 신경증이라고 말한다.

미래를 과거의 반복으로 여기고 불안해하고 우울해하는 사람에게 프로이트가 제안하는 처방은 '지금, 여기에서'다. 삶이 정상적인 흐름으로 이어지기 위해서 바로 이 순간 현재에 초점을 맞추어 살 것을 권한다. 즉, 현재의 삶에서 자신이 중심이 되고 자신에게 충실한 경험을 하도록 이끄는 삶이다. 과거와 미래 속에 살려고 하는 것은 현재에 충실하려는 것을 피하려는 행위일 수 있다. 심리학의 전통은 우리에게 과거와 미래에 얽매이지 않고 '카르페 디엠carpe diem' '현재를 살라.'고 제안한다. 로마 시인 호라츠Horaz가 문학에서 최초로 사용한 이 말은 과거와 미래에 너무 많은 삶의 무게를 두지 말고 살라는 뜻이다. 그리스의 철학자이자 역사가인 플루타르코스Plutarchos는 '새끼 꼬는 사내와 당나귀' 이야기로 이 말을 부연 설명한다. 지하 세계에 새끼 꼬는 사내가 있었는데, 그가 새끼를 한 다발 꼬아 뒤에 놓으면 어김없이 당나귀가 와서 그것을 모두 먹어 치웠다. 사내는 그 사실을 모르고 계속해서 새끼를 꼬았다. 미래를 위한 목표에 매달린 나머지 현재를 보지 못하고 살아가는 사람이 바로 새끼 꼬는 사내인 셈이다.

우리는 과거, 현재, 미래라고 하는 시간의 지평선 속에서 살아간다. 과거의 시간은 흘러간 시간으로 더 이상 아무런 영향을 미치지 못하는 시간이 아니다. 불행했던 어린 시절을 보낸 사람은 지나간 과거를 통해 현재와 미래를 바라보려고 한다. 미래를 준비하는 삶은 인간의 고귀한 능력 중 하나다. 그러나 이들에겐 미래가 진짜 삶이 되어 버린다. 현재를 무시하고 오직 과거와 미래의 시간 속에서 살면서 일상의 소소함이 주는 기쁨과 행복을 잃어버린다.

내일 일을 위해 염려하지 말고 현재를 충실히 살아갈 수 있기를. '카르페 디엠!'

6
나와는 다른 사람과 공존할 용기

Text Book

『앵무새 죽이기』 하퍼 리

Healing Book

『인간을 인간이게 하는 원칙』 요아힘 바우어

『옛이야기의 매력 1』 브루노 베텔하임

1997년 시애틀의 한 도서관 직원이 시민들이 1년 동안 책 하나를 선정해 읽어 보자는 아이디어를 냈고 이것이 '한 도시 한 책 읽기 운동(원 북 원)'의 시발점이 되었다. 그 후 4년 후 2001년 시카고 공공도서관은 하퍼 리의 『앵무새 죽이기』를 시카고 시민이 함께 읽을 책으로 선정하였다. 이 책을 시민들이 함께 읽자는 캠페인이 시작되자 시카고 시장까지 나서 직접 캠페인을 전개하였다. 시카고의 이런 노력은 전혀 예상치 못했던 놀라운 결과를 가져왔다. 시민들이 『앵무새 죽이기』 열풍에 휩싸였고 '한 도시 한 책 읽기 운동'이 미국뿐 아니라 전 세계로 번져 나가는 계기가 되었다. 한국의 여러 도시에서도 '한 도시 한 책 읽기 운동'이 일어나게 되었다. 그중에서도 가장 체계적으로 운영하고 있는 도시 중 하나가 부산이다. 부산 시민의 적극적인 참여 속에서 이미 10년 넘게 행사를 진행해 오고 있다. 2013년 내 책『가족의 두 얼굴』이 '한 도시 한 권의 책'으로 선정되어 1년 동안 수차례 부산을 방문하며 '한 도시 한 책 읽기 운동'이 어떻게 진행되는지를 직접 경험할 수 있었다. 덕분에 다양한 독자와 만나고 이들과 대화할 수 있는 시간을 가질 수 있었으며, 이때의 경험은 내 인생에서 절대로 잊을 수 없는 소중한 시간이 되었다. 전 세계로 퍼질 수 있게 성장판 역할을 한 시카고의 '한 도시 한 책 읽기 운동' 성공은 공무원이 효과적으로 캠페인을 하고 시민이 이에 잘 참여했다는 논리만으로는 설명되지 않는다. 다른 무엇보다 선정된 책『앵무새 죽이기』가 가진 콘텐츠의 힘에서 기인한 것이다.

『앵무새 죽이기』는 미국 사회에서 터부의 주제인 인종 문제를 담고 있다. 그러나 무겁지 않다. 흔히 인종 문제에 관한 글은 독자에게 가해자와 피해자라는 흑백 논리에 빠지게 하여 죄책감과 분노를 유발하지만 이 책은 오히려 밝고 따뜻하다. 책의 마지막 부분에서 "스카웃, 우리가 궁극적으로 잘만 보면 대부분의 사람은 다 멋지단다.(p. 528.)"라는 말로 오히려 독자에게 위로의 메시지를 전달해 준다. 『앵무새 죽이기』는 진 루이스 핀치, 별명으로는 스카웃이라고 불리는 여섯 살 소녀가 등장한다. 두 살 때 엄마를 잃고, 앨라배마 주 의원이면서 변호사인 아빠 애티커스, 4살 더 많은 젬 오빠 그리고 흑인 보모인 갤퍼니아 아줌마와 살고 있는 어린 소녀가 바라본 1930년대 미국 남부 앨라배마 주의 조그만 마을인 메이컴에서 펼쳐지는 이야기다.

브루노 베텔하임Bruno Bettelheim의 『옛이야기의 매력 1』에는 옛이야기 속의 주인공이 '바보' '얼뜨기'이거나 어린아이로 시작되면 이 이야기는 허약하고 미숙한 자아가 내적 세계와 외적 세계와의 갈등을 겪으면서 점점 성장해 가는 이야기가 된다고 말한다. 『앵무새 죽이기』도 마찬가지로 어린 소녀 스카웃이 일상에서 겪는 경험을 통해 성장해 나가면서 내면의 혼란을 극복하고 세상과 조화를 이루는 건강한 자아를 형성해 가는 이야기를 담고 있다. 스카웃의 자아가 성장하는 것을 통해 궁극적으로 세상은 무섭고 불합리한 부조리가 가득한 세상이 아닌 충분히 살아갈 만한 세상이라는 희망의 여운을 남긴다.

정신분석에서는 여섯 살 소녀 스카웃의 성장 이야기를 '내면의 혼돈에 질서 부여하기'로 명명할 수 있다. 오이디푸스 콤플렉스의 시기(대략 세 살부터 예닐곱 살까지)를 살고 있는 스카웃에게 세상 경험은 '혼란스러운' 것이다. 오이디푸스 콤플렉스 시기의 어려움은 혼란스러운 모순된 감정에 있다. 아빠에게 사랑받고 싶지만 엄마에게 다가가는 아빠의 모습을 거부하고 싶어 한다. 여기서 아빠는 사랑의 대상이면서 동시에 거부하고 싶은 대상이 된다. 아빠가 단지 거부의 대상으로 고정된다면 오히려 내적인 긴장이 적을 수 있다. 아빠가 냉정하거나 사랑을 주지 않고, 엄마에게도 따뜻한 배려와 사랑을 주지 않는 이기적이고 냉정한 존재라면 자기가 아빠에게 갖는 적대감의 감정을 합리화시켜 내적 긴장이 줄어들게 되지만 결과적으로 아빠에 대한 이미지는 오이디푸스 단계에 멈추어 있게 된다. 오이디푸스 단계를 극복하는 아이는 아빠에 대한 자기 마음의 양면성을 인정하고 모순된 감정과 공존할 수 있는 능력을 갖는다. 모순된 감정을 추스를 수 있는 사람이 된다는 것은 성인으로서의 성숙한 자아를 갖기 위한 첫걸음이다. 그러기 위해 아빠는 아이에게 따뜻하고 자상하며 사랑을 줄 수 있는 존재여야 한다. 아빠가 더 사랑해 줄수록 아이는 아빠에 대한 적개심과 사랑이라는 모순된 감정 사이에 더욱 혼란에 빠지게 되지만 곧 이 두 감정을 통합하여 오이디푸스 콤플렉스의 단계를 벗어나 건강한 자아를 형성하게 된다. 프로이트가 발견한 오이디푸스의 개념은 단지 아이가 부모를 성적인 대상으로 본다는 것이 아니다. 우리가 세상에 태어나서 성인으로 성장하는 첫 시련의 단계가 사랑과 미움이라는 혼란스러운 모순된 감정과 대상을 어떻게 극복해 나가는가의 이야기다.

어린 소녀 스카웃이 자신의 오이디푸스 콤플렉스 단계에서 세상을 보는 방식은 흑과 백이다. 인물들은 악한 사람이거나 아니면 착한 사람이고, 위협적이거나 협조적이다. 모든 인물이 본질적으로 한 가지 성질을 가지고 있어 어린 소녀가 쉽게 그들의 행동이나 반응을 파악할 수 있다.

스카웃이 살고 있는 메이컴 또한 사람들 간에 분명한 경계가 존재하는 세상이다. 메이컴에는 네 부류의 사람들이 살고 있다. 읍 시내에 살고 있는 중산층 사람들, 숲속에 사는 커닝햄 집안 같은 가난한 사람들, 쓰레기장에 살고 있는 이웰 집안처럼 우범지대에 사는 사람들 그리고 흑인들이다.

> 우리 같은 사람들(읍 시내에 살고 있는 사람)은 커닝햄 집안 사람들을 별로 좋아하지 않아. 커닝햄 집안 사람들은 이웰 집안 사람들을 좋아하지 않고, 이웰 집안 사람들은 흑인들을 증오하고 경멸하지.
>
> 『앵무새 죽이기』 p. 427.

메이컴은 분명한 삶의 경계선이 있으며 각자 자신의 경계 밖에 있는 사람, 즉 타자를 경계하거나 적대시한다. 이러한 메이컴 사람들이라도 한 가지 주제에 대해서는 대동단결할 수 있다. "흑인과 관련된 문제만 생기면 왜 이성을 가진 사람들도 갑자기 미친 것처럼 날뛰는지 도무지 이해할 수 없단 말씀이야.(p. 170.)" 남부의 지역적 유산을 갖고 있는 메이컴 사람들은 흑인 문제에 있어서는 통합이 이루어졌다.

남부의 지역적 유산을 갖고 있는 메이컴 사람들은 흑인 문제에 있어서는 통합이 이루어졌다.

메이컴에서 백인 여성을 성폭행한 사건 범인으로 한 흑인이 지목되자 '흑인이 벌인 백인 여성 성폭행'이라는 주제로 사람들은 이성을 잃어버렸다. 정당한 재판이 불가한 상황에서 스카웃의 아빠가 그 흑인을 변호하게 된다. 대부분의 사람은 흑인을 변호하는 스카웃의 아빠에게 등을 돌리고 '깜둥이 애인'으로 부르며 배척한다. 그러나 이러한 취급을 받으면서도 아빠는 끝까지 흔들리지 않고 소신을 지킨다. 결과가 뻔한 싸움이었지만 묵묵히 자신의 일을 수행한 결과 적어도 배심원의 마음을 흔들어 놓아 단번에 유죄라고 결정 내리는 것을 늦출 수는 있었다.

메이컴에는 사람 간에 분명한 차별적인 질서가 존재하였다. 읍 시내에 살고 있는 사람은 선하고, 그들에게 숲속에 사는 가난한 사람은 별로 선하지 않다. 가난한 사람은 우범지대 사람이 선하지 않고, 우범지대 사람에게 흑인은 선하지 않다. 흑인은 우범지대 사람뿐만 아니라 모든 백인 사회에서도 선하지 않았다. 오로지 흑은 흑이고 백은 백인 사회로, 흑이 백이 될 수도 있다는 모순된 두 요소의 공존을 허용하지 않는 오이디푸스의 단계를 극복하지 못한 사회였다. 오이디푸스에 머무는 사람은 오직 세상을 규정된 질서 속에서만 이해하려고 하고 모든 사물을 양쪽으로 나누어 보려고 한다. 한 사회가 오이디푸스 콤플렉스를 극복한다는 것은 일정하게 규정된 질서 속에서만 보려고 하지 않고, 모순된 혼란을 수용할 수 있고 융통성과 유연성을 갖는다는 것을 의미한다.

스카웃의 아빠는 메이컴의 기존 질서에 혼란과 갈등을 야기하는 장본인이었다. 아빠를 통해 오이디푸스 콤플렉스 단계에 영원히 고착될 수 있었던 마을이 오이디푸스 콤플렉스 갈등을 극복하라는 도전에 직면하게 된다. 아빠는 모든 메이컴 사람을 대상으로 고독한 싸움을 벌였고 마을 사람들은 힘겨운 승리를 거두었다.

> 하지만 아무래도 이해할 수 없는 것이 한 가지 있었다. 그럼에
> 도 불구하고 그해에도 아빠를 전처럼 아무 이견 없이 주 의회에
> 선출했다는 거였다.
>
> 『앵무새 죽이기』 p. 457.

메이컴 마을 사람들은 흑인을 변호하려던 아빠와 싸웠지만 끝까지 흔들리지 않고 소신을 지킨 그의 모습을 인정하게 된다. 그래서 자기들을 위해서도 그렇게 해 줄 것이라고 굳게 믿으며 만장일치로 주 의원에 다시 선출한다. 여기에는 한 번 적은 영원한 적이라는 오이디푸스 콤플렉스적인 줄 세우기의 감정이 묻어 있지 않다. 이 일을 계기로 메이컴은 선은 선이고 악은 악일뿐이라고 규정하고 세상을 오이디푸스 콤플렉스적으로 이해하던 방식에서 양면성을 인정하며 무조건 혼란을 제거하려고 하기보다는 공존하려는 성숙한 사회로의 첫걸음을 시작하게 된다. 또한 스카웃도 양면적이고 모순된 감정에 압도되지 않고 자기 마음속에 사랑과 미움, 욕망과 공포 등이 뒤섞여 있다는 혼란을 받아들이면서 성장한다.

『앵무새 죽이기』는 스카웃이라는 어린 소녀가 오이디푸스 콤플렉스 시기의 그 험하고 고통스러운 숲을 어떻게 지나갔는지 그리고 스카웃의 눈을 통해 메이컴이 어떻게 오이디푸스 콤플렉스적인 갈등을 극복해 나갔는지를 보여 준다. 『앵무새 죽이기』는 사람들은 근본적으로 모순되고, 갈등과 혼란에 빠지지만 그럼에도 변화를 수용할

수 있으며, 통합을 이루어 낼 수 있기에 살 만하다고 말한다.

　독일 프라이부르크대학의 세계적인 신경생물학자인 요아힘 바우어Joachim Bauer는 『인간을 인간이게 하는 원칙』이란 책에서 동물보다 약한 인간이 자연계에서 최강의 존재가 될 수 있었던 비결은 상호협력 때문이었다고 말한다. 적으로 규정한 대상에게 곧바로 보복을 가하기보다 공존하려고 했던 노력이 오늘날의 인간 문명을 만들었던 것이다. 공존의 능력이야말로 가장 인간다운 모습인 셈이다. 공존할 수 있는 인간과 공존할 수 있는 사회는 험난한 오이디푸스 시기를 성공적으로 극복한 것이다.

　인간이 내면의 갈등을 극복하고 자신의 자아를 성장시킨다는 것은 자신과 타인, 자신과 세상과의 만남 속에서 공존과 관용을 이룬다는 것을 의미한다. 나와 다른 사람과의 공존, 나에게 실수한 사람에 대한 관용의 미덕은 우리가 인생을 지혜롭게 살아가게 하는 삶의 고귀한 가치다. 또한 한 사회가 얼마나 성숙하고 발전했는지를 보여 주는 로제타석인 셈이다.

7
기꺼이
'마음의 빚'을 질 용기

Text Book

『로기완을 만났다』 조해진

Healing Book

『심리학 나 좀 구해줘』 폴커 키츠, 마누엘 투쉬

『가족의 발견』 최광현

『살아온 기적 살아갈 기적』 장영희

파울로 코엘료Paulo Coelho가 쓴 『베로니카 죽기로 결심하다』의 '옮긴이의 말'에 역자의 개인 경험담이 적혀 있다. 역자의 아버지는 수년 전 간암으로 세상을 떠났다. 혼수상태로 빠져들기 얼마 전 아들에게 매우 간절하게 담배를 피우고 싶다는 마음을 호소하였다. 아들은 일순 망설였지만 단호히 거절하였다. "왜 그랬을까? 아마 병자를 죽음으로 떠밀 수는 없다는 경직된 도덕관념 때문이었을 것이다. 아니면 심각한 결과를 초래할 수도 있는 결정을 일반적인 관념에 기대어 피하고 싶었는지도 모른다.(p.302.)" 역자는 임종을 앞둔 아버지에게 담배의 여유를 앗은 가혹한 결정을 지금도 후회하고 있다고 말한다.

그때 담배 한 모금이 아버지가 인생을 잘 마감할 수 있도록 잠깐의 여유를 줄 수 있었다는 것을 뒤늦게 깨달은, 아들의 깊은 미안한 마음이 느껴진다. 입장을 바꾸어 우리가 그곳에 있었다 하더라도 아버지에게 담배를 피우도록 할 수 있는 자녀가 얼마나 있을까? 아버지가 피우는 담배 한 개비가 아버지 인생의 마지막일 수 있다는 사실을 인정하고 담배를 줄 수 있는 사람이 있을까? 아마도 의료진은 아버지의 운명을 분명히 자각할 수 있었겠지만, 자식은 도저히 받아들일 수 없을 것이다. 아들이 갖는 통한의 후회는 도덕적 관념에서 기인한 것이 아닌 아버지의 임종을 받아들이려고 하지 않은 것에 있다. 결과적으로 아들이 느껴야 하는 후회, 미안한 마음은 아들이 평생 안고 가야 하는 삶의 일부분이 된다.

얼마 전 장모님이 암으로 돌아가셨다. 장모님을 떠나보내면서 가장 고통스러웠던 것은 손자를 지금까지 키워 주시고, 우리 가정의 일상에서 큰 자리를 차지하시던 어머니를 잃었다는 상실의 아픔이 아니었다. 장모님의 마음을 서운하게 해 드리고, 장모님께 잘하지 못했던 내 자신의 못난 처신들이 떠올라 더 눈물지었던 것 같다. 고인이 된 장모님에 대한 미안함은 주변 사람에게 모친상을 당한 아들이라는 오해를 불러일으킬 정도였다. 장례식장에서 가장 큰소리로 우는 사람은 고인에게 가장 큰 미안함을 가진 사람인 경우가 많다는 말이 가슴 깊이 와 닿았다.

조해진의 소설 『로기완을 만났다』는 탈북인 로기완을 말하지만, 소설은 단순히 한 탈북인에 대한 이야기가 아니다. 이야기의 흐름은 그를 둘러싼 주변 인물이 갖고 있는 미안함의 심리에 관심을 갖는다. 화자인 김 작가는 수술 날짜를 미루어 암세포가 전이되도록 만든 윤주에 대한 미안함과 죄책감을 벗어나기 위해 도망치듯 떠난 여행 속에서 철저하게 타자였고 이방인이었던 로기완에게서 자신의 모습을 발견한다. 그녀는 로기완을 통해 자기 속에 있던 타자화된 상처를 만나게 된다. 그리고 로기완의 흔적을 쫓으면서 비로소 자기의 아픔을 조금씩 곱씹어 소화시키는 작업을 하게 된다.

이야기의 핵심에 놓인 인물이 박윤철이다. 박으로만 표현되는 그는 전체 이야기를 완성시켜 주는 중심축 역할을 한다. 나는 속으로 '로기완을 만났다'에서 '박윤철을 만났다'로 바꾸어도 가능할 것이라 생각하였다.

브뤼셀에서 김 작가는 아무런 조건 없이 로기완을 만날 수 있게 호의를 보이고, 자신의 고급스러운 아파트 열쇠마저 내주는 전직 의사인 박을 만나게 된다. 박의 어머니와 아내는 지병으로 각각 숨졌다. 이야기의 전체 흐름은 두 사람의 불행한 운명과 연결되어 있다.

박이 탈북인 로기완을 적극적으로 도왔던 것은 어머니를 끝까지 지켜 주지 못했던 로기완의 사연에 동질감을 느꼈던 까닭이었다. 그의 어머니는 평양에서 월남하여 온갖 고생을 하며 아들을 뒷바라지하였다. 그는 서울에서 의대를 다니다가 모종의 정치적 사건에 휘말려 어쩔 수 없이 아내와 함께 프랑스로 유학을 떠나야 했다. 어머니를 모셔갈 수 없었고 그는 어머니를 일가친척 아무도 없는 곳에 홀로 놔두고 떠나야 했다. 그리고 마찬가지로 김 작가를 아무 조건 없이 도운 것은 김 작가에게서 죽은 아내를 떠올렸기 때문이다.

박의 아내는 프랑스 대학에서 남편이 의학을 전공하는 동안 식당과 마트에서 온갖 허드렛일을 하면서 박의 공부를 도왔다. 박은 그런 아내가 간암으로 투병 중일 때 아내의 안락사를 도왔다는 사실에 고통스러워하였다.

박은 로기완과 아내, 두 사람에게서 그의 오랜 아픔을 보게 되었고 그들을 돕는 과정을 통해 과거의 상처와 화해하게 된다. 박과 김 작가는 가장 감추고 싶었던 인생의 한 시기를 서로에게 되비추는 거울이었다.

로기완, 박, 김 세 사람이 갖고 있는 공통점

로기완: 어머니의 죽음에 대한 미안함

박윤철: 어머니의 외로운 죽음과 아내의 안락사를 도왔다는 미안함

김 작가: 수술 날짜를 미루어 그 사이에 암이 악성으로 변이된 윤주에 대한 미안함

로기완, 박, 김 작가 모두 각각 마음의 빚으로 고통받았다. 그러나 로기완은 자학에 가까운 행동으로 스스로를 불행에 던져버리지 않고 살아남으려고 애쓰고 스스로의 행복을 찾기 위한 여정을 달려갔다.

박, 김 두 사람이 갖고 있는 공통점

어머니에 대한 깊은 미안함에도 불구하고 '로기완이 도달했던 그 결론, 살아야 한다는 당위'에 박과 김 작가도 도달하고 싶어 했다. 그리고 그것이 두 사람이 로기완을 기꺼이 돕고 여정을 쫓을 수 있었던 동력이었다.

장영희 교수의 『살아온 기적 살아갈 기적』에 나와 있는 에피소드다.

강원도 홍천군 희망리라는 곳에 용간난이라는 할머니가 산다. 1979년 어느 날, 할머니의 남편은 약초를 캐러 갔다가 담뱃불을 잘못 떨어뜨리는 바람에 국유림의 일부를 태웠다. 국유림 관리소는 할아버지에게 산불 피해를 입힌 죄로 벌금 130만 원을 부과했다. 그러나 살림이 극도로 어려운 정황을 참작해서 분할할 수 있도록 했다. 그런데 얼마 안 있어 할아버지는 중풍을 앓다가 숨을 거두며 간난이 할머니에게 "나 대신 벌금을 꼭 갚아 달라.(p. 62.)"라는 유언을 남겼다. 할머니는 넷이나 되는 자녀를 혼자 키우면서도 매년 형편에 따라 3만 원에서 10만 원에 이르는 벌금을 꼬박꼬박 납부했다. 너무 늙어 농사를 지을 근력조차 없어지자 일당 7천 원의 허드렛일로 살아갔는데, 그래도 돈을 모아 단돈 몇 만 원이라도 해마다 빚진 벌금을 냈다. 그리고 20년이 지난 2001년 가을에 드디어 벌금을 완납하고 나서 할머니는 말했다. "이제 빚을 다 갚았으니 20년 동안 답답했던 가슴이

후련하다. 저승에 간 남편도 이젠 편히 쉴 수 있겠다(p. 62)."라고.

빚을 갚기 위해 애쓴 강원도 산골의 순박한 두 노인의 삶이 애처롭기까지 하다. 아마도 누군가는 다른 쉬운 선택을 할 수도 있었겠지만, 두 노인은 빚을 갚기 위해 최선을 다했다. 20년이라는 긴 시간을 통해 드디어 빚을 다 갚은 날 모든 것을 해 낸 할머니의 표정이 보고 싶어진다.

전작 『가족의 발견』에서 나는 인간이 경험하는 가장 큰 고통이 바로 마음의 빚, 미안한 감정이라는 사실을 말하였다. 상처를 경험한 사람의 진짜 고통은 사건에 대한 고통스러운 기억이 아니었다. 상처는 우리에게 2차 피해를 만들어 내는데, 그것이 바로 마음의 빚, 미안함의 감정이다. 몸에 상처가 나면 대개 흉터가 남는다. 마찬가지로 눈에 보이지 않지만 마음에도 미안함이란 흉터 자국이 남는다. 미안함은 인간이 감내하기에 너무 큰 고통이다. 시간은 결코 마음속 미안함을 치유할 수 없다. 종종 분노로 죄책감을 해소하려고 하지만 충분하지 않다. 김 작가는 윤주에 대한 미안함을 해소하기 위해 윤주가 자신을 용서하지 않을 마음을 이용해서 미안함을 해소하려는 충동을 느꼈다. "그래서 나 역시 그 애가 미워하는 마음만큼 서운해하며 동시에 죄책감에서 벗어나고 싶어 했다(p. 96)." 누군가에 대한 단단한 분노의 감정 밑바닥에는 미안함이 웅크리고 있는 경우가 많다.

폴커 키츠, 마누엘 투쉬Volker Kitz, Manuel Tusch의 『심리학 나 좀 구해 줘』에는 상대방이 거절할 수 없게 부탁하는 방법에 대한 내용이 있다. 상대방에게 돈을 빌려야 할 때 다음 세 가지 상황 중에서 가장 가능성이 높은 것이 무엇인지를 묻는다.

- 상대방이 대단히 행복할 때
- 상대방이 아주 불행할 때
- 지극히 평범할 때

　세 가지 중 다른 사람의 어려운 부탁을 들어줄 가능성이 가장 높은 때는 두 번째다. 첫 번째일 거라는 생각과는 정반대로 부탁받는 사람이 가장 불행할 때 다른 사람의 불행을 도와줄 가능성이 높다고 한다.

　고통받는 사람을 가장 공감할 수 있는 사람은 역시 고통 가운데 놓인 사람이다. '공감 이타주의empathy-altruism'에 의하면 다른 사람에게 마음 깊은 공감을 느낄 때 도와주려는 이타적 동기가 발생한다. 김 작가가 로기완을 찾아 나선 것은 그가 어머니에 대해 느끼는 마음 아픈 미안함에 공감했기 때문이며 박도 로기완과 김 작가를 기꺼이 도울 수 있었던 것은 어머니와 윤주에 대한 그들의 회한에 인간적으로 공감했기 때문이다. 김 작가는 박이 아내에 대해 갖고 있는 고통에 공감하였고, 이것은 박의 오랜 고통을 다독이고 치유해 주게 된다. 공감은 다른 사람의 마음과 감정을 이해하고 공유하는 능력이다.

　타인과의 만남이 의미가 있으려면 어떤 식으로든 서로의 삶 속으로 개입되는 순간이 있어야 할 것이다. 여기서 '서로의 삶 속으로 개입되는 순간'을 가능하게 해 주는 것이 공감이다. 상대방에게 감정이입을 하면 상대방은 자신이 이해받는다고 느끼게 되고 상대방이 표현하는 것에 주파수를 맞추게 된다. 그 순간 별개였던 두 사람은 감정적으로 서로 연결된다. 마음의 고통으로 힘들어하는 사람에게 할 수 있는 최선의 위로는 섣부르고 성급한 충고가 아니다. 속 이야기를 차분하게 들어주고 마음 깊이 공감해 주는 것만으로도 충분하다.

마음의 빚으로 고통받던 박과 김 작가는 서로의 상처를 비춰 주는 거울이 되어 서로의 상처를 공감하고 아픔을 다독여 주어 살아야 하는 '당위'를 얻게 한다. 박과 김 작가의 고통을 치유한 것은 서로를 향한 진심 어린 공감에 있었다. 누군가의 공감이 가장 절실히 필요한 순간에 두 사람은 서로에게 공감을 제공해 주는 심리상담사의 역할을 해 준다.

김 작가가 박을 공감하다

박은 김 작가에게 영국에 거주하고 있는 로기완의 중국 레스토랑 주소와 약도를 내밀면서 김 작가에게 한 가지 부탁을 한다. 박이 김 작가에게 부탁한 것은 자신의 이야기를 들어달라는 것이었다.

"해 줄 이야기가 하나 더 남았는데, 들어보시겠소?"
"네. 들려주세요."
"또 그 간암 말기 환자 이야기요. 김 작가가 지겹겠군."
"지겹지 않아요. 전혀. 해 주세요."

나는 자세를 바르게 고쳐 앉고 박의 얼굴을 주시한다. 박이 내게 해 줄 수 있는, 아내에 대한 마지막 이야기가 될 것이다.

〈중략〉

나는 목이 아프도록 열심히 끄덕이고 또 끄덕인다. 내가 해 줄 수 있는 것은 이것밖에 없다는 듯. 실제로 내가 박을 위해 할 수 있는 일은 없다.

〈중략〉

"저녁을 같이 먹을까요? 제가 요리를 좀 하거든요." 나는 문득 박에게 제안한다. 요리를 잘한다는 건 거짓말이다. 그러나 무슨 상관인가. 내가 박에게 선물하고 싶은 건 맛없을 것이 분명한 형편없는 요리가 아니라 식사 시간 그 자체였다.

『로기완을 만났다』 pp. 172~176.

박이 김 작가를 공감하다

박과 나는 공항 카페에 앉아 커피를 마신다.

커피를 마시는 동안 나는 박에게 윤주 이야기를 한다. 살아 있는 한 계속해서 살아갈 수밖에 없고, 살아야 하는 이유를 부정하는 고통 역시 살아가는 과정에 포함되는 이상한 아이러니를 이미 알아버린 그 열일곱 살 소녀에 대해서.

박은 간간이 고개를 끄덕이긴 하지만 서울에서 방송국 사람들
이 그랬던 것처럼 그 과정에 나의 책임은 없다는 식의 부질없는
위로를 해 주지 않는다. 자세한 것을 묻지도 않고 섣부른 판단도
하지 않는다. 박은 그저 묵묵히 들어 준다. 내 이야기가 다 끝난
후에야 박은 조심스럽게 말할 뿐이다.

『로기완을 만났다』 p. 183.

『가족의 발견』에서는 공감이 왜 단단한 미안함의 마음에 균열을
일으키는지 설명해 준다.

누군가가 내 말을 성의껏 들어 준다고 느끼면 당장 눈가가 촉촉
해진다. 그것은 기쁨의 눈물이자 내 감정과 입장을 알아준 것에
대한 감사다.

『가족의 발견』 p. 238.

상대방의 공감은 감사의 마음을 불러일으키며, 마음속 깊은 곳에
서 우러나는 감사는 우리의 아픈 마음을 위로하고 상처를 치유하게

만든다.

박은 김 작가의 말에 귀를 기울여 주고 말 한마디를 꺼낸다.

> 때로는 미안한 마음만으로도 한 생애는 잘 마무리됩니다.
>
> 『로기완을 만났다』 p. 183.

이 말은 김 작가만이 아닌 박 자신에게도 하는 말일 것이다. 파울로 코엘료의 『베로니카 죽기로 결심하다』의 역자가 아버지에게 느끼는 미안함의 아픔에도, 내가 고인이 된 장모님에게 느끼는 가슴 아린 미안함의 마음에도 마찬가지로 해당될 것이다.

8
내 삶을 근사하게
편집할 용기

Text Book

『허삼관 매혈기』 위화

『책 읽는 소리』 정민

『눈물은 왜 짠가』 함민복

Healing Book

『에디톨로지』 김정운

정민은 『책 읽는 소리』에서 조선시대에 소설이 당시 혼수품 중에서 아주 중요한 위치를 차지했다고 말한다. 출판이 엄격하게 국가에 의해 운영되고 있었기에 고전소설은 대부분 인쇄가 아닌 붓으로 직접 필사되었다. 그래서 『흥부전』에서 놀부 심술의 가짓수가 어떤 필사본에는 스물 몇 가지에서 많게는 일흔 몇 가지에 이르기까지 필사한 사람에 따라 보태지고 생략되기도 하였다.

정민 교수는 필사본 『임경업전』의 뒤에 적힌 어느 한 필사기를 소개한다. 아우가 혼인을 하여 처음으로 친정에 갈 수 있었던 딸이 집에 있던 소설책을 보고 베껴 써서 시댁으로 가져가기로 마음을 먹는다. 소설의 분량이 너무 길어 미처 절반도 못 끝내고 돌아가기로 한 날 아쉬움을 안고 시댁으로 돌아갔다. 이를 보다 못한 아버지가 처음에는 딸이 미처 쓰지 못한 부분을 베끼려 여의치 않아서 딸의 사촌동생을 동원하였다. 그러나 글씨체가 마땅치 않아서 딸의 아우를 시켜 쓰게 하였다. 완성이 되어갈 즈음 조카 아이가 자신도 필적을 남기겠다고 우겨 삐뚤빼뚤 서툰 글씨로 나머지 한 장을 채웠다. 이렇게 하여 온 가족이 총동원된 필사본이 완성되었다. 아버지는 책을 딸에게 보내면서 책의 여백에 편지를 대신하여 한마디를 더한다.

아비 그리운 때 보아라.

『책 읽는 소리』 p. 82.

친정에서 보내 준 책을 받은 딸의 심정은 어땠을까? 아버지의 감독 속에서 온 가족이 총동원되어 필사한 책을 보던 딸이 아버지의 마지막 추신을 읽고 어떤 마음이 들었을까? 아버지가 딸을 생각하는 따뜻함을 느끼며 쉽지 않은 시집살이에서 영원히 식지 않는 마음의 손난로를 갖게 되었을 것이다.

이때 소설은 그저 단순한 이야기책일 수 없다. 그리운 아버지, 보고 싶은 동생과 친정식구들 생각이 날 때마다 그녀는 이 책을 읽고 또 읽었을 것이다. 필사기가 적힌 마지막 장에는 그녀의 눈물 자국이 여기저기 남아 있을 것만 같다

『책 읽는 소리』 p. 82.

가부장적이며 남존여비 사회로 알았던 조선시대에도 따뜻한 가족 간의 사랑이 있었으며 시집간 딸을 마음으로 위해 주던 가슴이 넉넉한 아버지가 있었다.

남자와 아버지는 무언가 다른 의미를 갖는 것 같다. 아버지는 가족을 부양하는 책임을 지고 가족의 생계를 떠안고 살아가야 한다. 정신없이 출근을 준비하던 어느 아침, 전날 늦은 밤까지 업무를 보고 피곤이 완전히 가시지 않아 찌뿌둥하니 몸이 무거웠다. 아버지는 아침에 일찍 일어나셔서 여유 있게 커피 한 잔을 곁에 두고 신문을 읽고 계셨다. 나는 아버지를 향해 잘 다녀오겠다고 인사를 드리고 문을 향해 걸어가는 순간 갑자기 아버지가 부러워졌다. 은퇴한 노인을 부러워한다는 말이 이해하기 어렵겠지만 이제 모든 아버지로서의 책임을 다 내려놓고 계신 여유로움이 부러웠던 것 같다. 꼭 가족을 부양하고 생계를 책임져야 할 가장으로서의 어깨가 무거워서가 아니었다.

함민복의 산문집 『눈물은 왜 짠가』에서 작가는 동네에 상이 나자

상여를 메고 싶어졌다. 사실 상여를 간절히 메고 싶어 하는 사람이 많지는 않을 것이다. 그런데 작가는 그걸 원했다. 읽다 보니 그 이유를 알게 되었다. 동네에서 상여는 오직 결혼한 남자만이 멜 수 있는 것이었다. 작가 함민복은 자신이 사십이 된 나이에도 상여를 멜 수 없다는 사실에 인생을 헛산 것 같은 쓸쓸함을 느끼고 있었다.

남자가 결혼을 하게 되면 아버지가 된다. 남자와 아버지는 참 많이 다르다. 인생의 깊이와 아픔, 모순을 아버지만큼 끌어안고 사는 존재도 없을 것이다. 그렇기 때문에 아버지가 된 남자만이 "다른 세계로 넘어가는 죽은 사람의 다리가(p. 32.)" 되어 줄 수 있는 까닭일 것이다.

중국의 대표적인 현대 작가 위화의 『허삼관 매혈기』에는 사람 냄새나는 아버지가 있다. 소용돌이처럼 휘감아 돌아가던 격동의 세월을 살았던 허삼관은 성 안의 생산공장에서 일하는 노동자이다. 그가 살던 가난한 동네에서 남자가 결혼을 하려면 반드시 피를 팔아야 했다. 한 번 피를 팔아 버는 돈이 반년 치 수입을 능가했으니 그 동네 남자들에게 매혈은 돈줄이었다. 그는 피를 팔아 번 돈으로 튀긴 꽈배기를 파는 허옥란을 아내로 맞는다. 성 안에서 가장 아름다운 여성으로 소문이 자자하던 그녀는 이미 사귀던 하소용이라는 남자가 있었지만 허옥란의 아버지를 설득하여 허삼관에게 딸을 주게끔 만든다. 그 후 그들은 세 명의 아들 일락이, 이락이, 삼락이를 낳고 살아가고 있었다. 그런데 장남 일락이가 성장하면서 점점 하소용의 얼굴을 닮아가자 온 동네에 일락이가 하소용의 아들이라는 소문이 퍼졌다. 이 소문은 퍼지다 못해 급기야 기정사실화되어 버린다. 하소용은 일락이의 친부라는 소식이 온 동네에 퍼졌을 때 허옥란과 일락이에 대한 책임을 분명히 거부한다. 일락이가 사고를 쳐서 병원비가 필요하게 되었을 때 그는 단호하게 허옥란에게 말한다. "이 천하의 하소용이 어찌 당신 같은 사람의 뱃속에 씨앗을 심는단 말이오?(p. 90)" 이 말을 들은 허옥란은 눈물을 흘리면서 집으로 돌아와야 했다.

하소용이 자기의 책임을 철저하게 거부했기 때문에 다른 누군가가 모든 상황을 해결해야 했다. 하소용, 허옥란 그리고 일락이로 인해 발생한 모든 문제를 결국 봉합하고 해결하는 것은 바로 허삼관이다. 이들과의 관계에서 허삼관은 피해자의 위치에 서 있다. 허삼관은 이락이와 삼락이를 불러다 군자는 십 년을 기다려서라도 원수를 갚는 법이니 하소용의 두 딸을 십 년 후에 꼭 강간해 버리라고 말한다. 아들에게 할 말은 아니지만 그는 이렇게 할 정도로 분을 삭이지 못한다.

> 생각났네. 자네가 허삼관인가? 바로 그 자라 대가리……
>
> 『허삼관 매혈기』 p. 112.

허삼관은 허옥란의 결혼 전 애인이었던 하소용의 핏줄 일락이로 인해 동네에서 소문난 '자라 대가리'가 되었다. (중국에서 남자에게 하는 최대의 욕으로, 무능하고 바보 같은 자를 일컫는 말이다.) 자신의 아들이 자기가 아닌 다른 남자의 자식이라는 사실을 알고 가만있을 수 있는 남자가 얼마나 있을까? 더군다나 그 일이 온 동네에 퍼져 바보의 대명사로 전락했을 때 그 울분을 아무렇지 않게 삭힐 수 있는 사람이 있을까? 허삼관은 순순히 받아들이지 못했지만 결국 아내를 용서하고 일락이를 자신의 일부로 받아들이는 용기를 발휘한다. 허삼관은 하소용의 집에 가서 사람들이 다 보는 앞에서 식칼을 들어 자기 얼굴과 팔을 그어 상처를 낸 후, 선혈이 낭자한 모습으로 사람들에게 소리를 쳤다.

만약 당신들 중에 또 일락이가 내 친아들이 아니라고 말하는 자가 있으면, 이렇게 베어 버릴 테요. 말을 마친 뒤 허삼관은 칼을 내던지고 일락이의 손을 잡으며 말했다. 일락아, 우리 집에 가자.

『허삼관 매혈기』 p. 214.

허삼관이 피가 낭자한 채 일락이의 손을 잡고 걸어오는 장면에서 일락이에게 감정을 이입해 본다면, 아버지의 거친 손을 잡는 순간 일락이는 태생적인 모순과 존재의 부조리가 해결되는 감격적인 순간을 맞았을 것이다. 그리고 이 장면은 아내 허옥란의 과거와 상처를 꼭 안아 주는 뜨거운 용서와 화해의 장면이기도 했다.

나는 문화대혁명의 혼란 속에서 시골로 내려가 일하다가 다 죽게 된 일락이를 살리려고 눈물겨운 희생마저 마다하지 않는 허삼관에게서 진한 감동을 느꼈다. 허삼관은 자신의 핏줄이 아닌 일락이를 자기 삶의 일부로 온전히 받아들였을 뿐 아니라 진짜 아버지로서 일락이를 지켜 주려고 했다. 이런 허삼관에게서 수많은 사람의 인생이 부침을 거듭하고 한치 앞을 예측할 수 없었던 혼란스러운 시대적 상황 앞에서도 가정을 지키며(비록 자신의 인생은 별수 없이 살아가지만) 자녀들에게 새로운 미래를 열 수 있는 기회를 마련해 준 아버지가 보인다. 허삼관은 지극히 평범한 사람으로 혼란한 중국 역사에 아무런 영향을 줄 수 없는 인물이었지만 그는 자기 삶의 자리에서 주어진 책임을 회피하거나 전가하며 분노를 쏟아내기만 하지 않고 적극적으로 소중한 사람들의 운명을 지켜 나갔던 영웅이었다.

시간이 지나 허삼관이 노인이 되고 길을 걷던 중 돼지고기 간볶음 냄새를 맡게 된다. 그는 항상 매혈을 하고 나면 기를 보충하기 위해 승리반점에 들러 황주 두 냥과 돼지고기 간볶음 한 접시를 먹었었다. 승리반점에서 나는 간볶음 냄새가 콧구멍으로 파고드니 예전에 먹었던 기억이 나 참기 어려웠다. 먹음직스러운 냄새에 허삼관은 처음으로 자신을 위해 피를 팔기로 결심한다. 매혈을 하러 간 곳에서 피를 팔러 왔다고 하니 젊은 혈두는 허삼관이 너무 늙었다는 이유로 거부한다. 어쩔 수 없이 다시 거리로 나오고 나서 허삼관은 마치 아이처럼 꺼이꺼이 운다. 그의 피는 언제나 가족을 위해 요긴하게 쓰였다. 그러나 더 이상 피를 팔 수 없다는 말에 눈물이 쏟아졌다. 한평생 가족을 위해 살아왔던 남자에게 이 사실은 받아들이기 어려운 일이었다.

> 허삼관은 계속 혼잣말을 했다.
>
> 앞으로 집에 또 무슨 일이 생기면 난 어떡하지?
>
> 『허삼관 매혈기』 p. 327.

더 이상 자기가 아무 소용도 없는 존재가 되어 버렸다는 현실 앞에서 그는 서럽게 울었다. 거친 세상을 온몸으로 견디어 내며 인생의 모순에 절망도 했지만 결국 끝까지 가족에게 울타리가 되어 준 남자에게 자신이 더 이상 소중한 사람을 지킬 힘이 없다는 현실은 아프게 다가왔다.

책의 마지막은 허옥란이 허삼관의 심정에 역성을 들면서 젊은 혈두를 함께 흉을 본다. 그의 아비는 '진짜 밥통'이고 그의 어미는 '알아주는 화냥년'이며, 젊은 혈두는 '누구 씨앗인지 모른다.'고 말한다. 이 말에 의기양양해진 허삼관은 허옥란에게 '근엄하게 한마디를' 한다.

> 그런 걸 두고 좆 털이 눈썹보다 나기는 늦게 나도
>
> 자라기는 길게 자란다고 하는 거라구.
>
> 『허삼관 매혈기』 p. 331.

나는 이 마지막 말의 의미를 온전히 이해하기 위해 애를 썼다. 전체 문맥 속에서 이해하려고 했다. 위화의 말처럼 해석은 작가가 아닌 독자의 몫인 셈이다.

다시 말하면, 좆 털밖에 안 되는 놈이 어디서 까불어!

이 말은 허삼관이 마지막으로 내뱉은 한마디다. 그가 인생을 어떻게 살았는지를 엿볼 수 있는 말이다. 결코 그는 자포자기하거나 회피하지 않고, 그에게 닥친 운명에 분노와 좌절감으로 함몰되지 않는 '지지 않는 마음'을 가졌던 사람이었다. 아버지 허삼관이 살아온 인생 이야기에서 우리는 인생의 지혜를 얻을 수 있다.

허삼관이라는 거칠고 완벽하지 않은 인물이 매력 있게 다가오는 것은 책임을 포기하지 않는 자세와 무엇보다 삶의 모순과 갈등을 수용하고 통합하는 자세 때문일 것이다.

허삼관은 처음에는 허옥란과 일락이를 받아들이지 못했다. 그러나 결국 자기 자신의 책임 속에서 인생의 모순을 받아들이게 된다. 이를 심리학적 표현으로 '자아통합ego integrity'이라고 한다. 쉽게 말해서 자아통합은 자신의 삶을 편집한다는 말이다.

김정운 박사는 『에디톨로지』에서 "세상 모든 것은 끊임없이 구성되고, 해체되고, 재구성된다. 이 모든 과정을 나는 한마디로 편집이라고 정의한다.(p. 24.)"라고 말하며 스티브 잡스의 말을 인용해 "이 세상은 정보 자체가 권력이 아닌 정보를 편집하는 편집자가 권력인 시대가 되었다(p 40.)"라고 설명한다. 세상을 움직이는 힘은 정보를 엮어 내는 편집자의 몫이다. 더 많은 정보를 얻기 위해 애를 쓰는 시대는 이미 지났으며, 지금은 주어진 다양한 정보를 어떻게 편집할 것인가가 중요한 시대이다. 김정운 박사는 정보권력이 편집권력으로 이동했듯이 인생의 주도권 문제 역시 현실 자체보다는 주어진 현실을 어떻게 편집하는가가 중요하다고 말한다. 우리는 모두 자신에 관한 이야기를 갖고 있는데, 이것이 우리의 자아를 이룬다. 그리고 이를 아이덴티티identity, 즉 자기정체성이라고 말할 수 있다. 내가 생각하고 이야기하는 나를 자기 자신으로 동일시identity하는 과정에서 자아가 만들어진다. 자아를 이루게 되는 '자기 이야기, 자기에 관한 서술, 자기 서사'에서 중요한 것은 '자신에 관한 텍스트'에 대한 편집이다. 내가 나를 어떤 눈으로 바라보는가? 내가 주어진 현실을 어떤 시각으로 일관되게 보는가에 따라 '전혀 다른 나'로 편집되며 전혀 다른 현실로 편집될 수 있는 것이다.

인생은 수많은 모순의 연속이다. 자아통합은 이러한 모순을 받아들여 삶의 일부로 통합하는 것이다. 지나간 인생을 돌아보면 많은 후회와 안타까운 순간이 있지만 이것들을 계속해서 원망하고 한스럽게 여기는 것만이 아닌 다른 면도 받아들여 수용해야 한다. 한 사람에게 사랑스러움과 따뜻함만을 느낄 수 있다면 좋겠지만, 우리 인생은 그렇게 흘러가지 못한다. 사랑, 그리움, 애착, 분노, 실망, 원망, 억울함 등 수많은 감정을 느끼게 된다. 우리는 이러한 모순과 갈등을 내면에 정리하고 통합해야 한다. 예를 들어, 인생에서 아픔과 상처를 주었던 사람을 떠올리면 고통스럽고 그가 준 상처의 통증을 느끼게 된다. 그리고 그러다 보면 그 사람이 준 상처만 기억하고 분노와 원망에 사로잡히게 된다. 하지만 돌아보면 그 사람은 분명 나에게 상처를 주었지만, 한때 그는 나에게 가장 소중한 사람이었고 내가 사랑했던 사람이었으며, 그와 소중한 시간을 함께 보냈었다. 그에게 상처받았다는 사실로 이 모든 기억을 통편집해서 오직 고통만을 기억하게 한다면 더욱 아픔만 크게 다가온다. 자아통합을 이룬다는 것은 그에게 상처받은 것은 사실이지만 그가 나에게 얼마나 소중한 사람이었는지의 기억을 삭제하지 않고 부정적인 면과 긍정적인 면을 함께 받아들여 자신의 인생의 일부로 통합하게 되는 것을 말한다.

젊은 혈두가 허삼관의 피를 거부해서 그가 길거리에서 슬프게 울고 있는 모습을 보고 사람들이 일락이, 이락이, 삼락이, 허옥란에게 알려서 허삼관에게 가도록 한다. 삼형제는 아버지가 길거리에서 이러시면 자신들이 동네에서 창피를 당한다고 만류를 한다. 이 말을 들은 허옥란은 발끈하여 자식들에게 삿대질을 해 가며 "이 자식들아, 너희 양심은 개한테 갖다 줬냐?(p. 328.)"라며 자식들을 힐난한다. 그리고 아버지가 그동안 피를 팔아 가족들을 먹여 살려왔다는 것을 하나하나 열거한다. 그리고 나서 다시 "이 자식들아, 너희 양심은 개새끼가 물어 갔다더냐. 이놈들(p. 329.)"이라고 다시 한 번 욕설을 퍼붓고 남편의 손을 이끌고 승리반점으로 데리고 가서 그가 그토록 원하던 황주 두 냥과 돼지고기 간볶음 한 접시를 처음으로 매혈을 하지 않고도 먹게 한다.

사실 남편의 처지를 알아주는 것은 아내밖에 없었다. 허옥란은 남편이 어떤 인생을 살아왔는지 잘 알고 있었다. 그가 얼마나 가족을 위해 애를 썼는지, 그가 가장으로나 남편으로나 얼마나 책임감이 있었는지, 무엇보다 그가 삶의 모순을 어떻게 통합했는지를 잘 알고 그의 심정을 헤아려 주었던 것이다. 노인이 된 허삼관, 그는 참 행복한 남자였다.

9

부족했던 과거를
당당히 응시할 용기

Text Book

『쓰가루』 다자이 오사무

『잃어버린 시간을 찾아서』 마르셀 프루스트

『1Q84』 무라카미 하루키

『나는 시간이 아주 많은 어른이 되고 싶었다』 페터 빅셀

Healing Book

『정신분석 강의』 지그문트 프로이트

『프루스트가 우리의 삶을 바꾸는 방법들』 알랭 드 보통

『생각의 역사 II』 피터 왓슨

　　루트비히 비트겐슈타인Ludwig Wittgenstein은 케임브리지대학에서 강의를 하다가 58세의 이른 나이에 은퇴를 하고 연금으로 생활하던 중 1951년에 암으로 사망하였다. "제 친구들에게 전해 주세요. 저는 정말 멋진 삶을 살았습니다." 그가 지나온 과거의 시간을 돌아보고 마지막으로 남긴 말이다. 그는 철학계에서 밤하늘에 찬란하게

빛나는 혜성과 같은 인물로 20세기 가장 위대한 천재 중 한 명이었다. 그렇지만 결코 행복하기만 한 삶을 산 것은 아니었다. 그의 형제 중 3명이 자살하였고 평생을 스스로 외로움 속에서 살았던 인물이기 때문이다. 그러나 그는 지나간 시간들 속에서 기쁨과 행복을 맛보았다. 지나간 시간들을 비트겐슈타인처럼 말할 수 있다면 그것은 진정 행운일 것이다. 부럽다. 정말 부럽다. 여기 지나가 버린 과거의 시간 속에서 기쁨과 행복감을 얻게 해 주어 현재 앞에 놓인 절망을 잊게 해 주는 책이 있다.

무라카미 하루키의Murakami Haruki『1Q84』에서 다마루는 비밀 아지트에서 숨어 지내는 아오마메에게 프루스트Marcel Proust의 『잃어버린 시간을 찾아서』를 읽으라고 권하며 책을 갖다 준다. 나는 이 대목을 읽고 하루키는 숨막히는 긴장감 속에 놓인 아오마메에게 하필이면 프루스트의 『잃어버린 시간을 찾아서』를 제안하는 설정을 했는지가 궁금해졌다. 7권으로 된 긴 장편소설로 대단히 유명하지만 과연 완독한 사람은 얼마나 되는지 모를 그런 책을?

『프루스트가 우리의 삶을 바꾸는 방법들』에서 알랭 드 보통은 프루스트가 14년간 얇게 짠 모직 담요만 덮고, 등불도 없이 좁은 침대에 누워서 쓴 『잃어버린 시간을 찾아서』가 적절한 도움을 줄 수 있는 순간은 우리가 종말에 임박할 때라고 말한다. 지구의 종말이라는 파국의 시간에 이 책은 우리의 불안, 공포, 상실감을 누그러뜨려 마지막 최후를 의연하게 맞이할 수 있게 해 준다고 말한다.

마르셀 프루스트의 『잃어버린 시간을 찾아서』에서 마르셀은 홍차를 적신 마들렌 조각을 맛본 순간 온몸에 가득찬 기쁨으로 전율

한다. 그리고 과거의 행복했던 기억들을 떠올린다. 열한 살 때 그가 흠뻑 젖은 몸으로 덜덜 떨면서 산책에서 돌아오자 어머니는 그를 혼내지 않고 부드러운 마들렌과 뜨거운 홍차를 주었다. 한 모금 더 마시자 그 맛이 레오니 고모가 어릴 때 보리수꽃을 달인 물에 담갔다가 주곤 하던 마들렌의 맛임을 떠올린다. 마르셀은 과거의 시간으로 돌아가서 그때의 기쁨을 떠올리며 행복감을 느끼게 된다. 그러자 무의식적인 기억들은 그에게 잃어버린 시간을 되돌려준다. 현실의 고달픔, 미래에 대한 불안은 행복했던 순간들의 기억을 통해 깨끗이 지워버리게 된다. 프루스트는 "우리가 잃어버린 낙원, 그것만이 참된 낙원이다."라고 말한다. 우리의 낙원은 현재에 있지 않고 지나간 과거의 시점에 존재하며, 과거를 떠올리고 이해하여 낙원의 회복을 즐길 것을 제안한다. 프루스트의 말처럼 우리도 지나간 과거 속에서 뒤늦게 몸이 전율하는 기쁨과 행복감을 느낄 수 있다. 그 당시 시점에서는 그것이 행복인 줄 몰랐더라도 말이다.

『생각의 역사 II』 속에서 피터 왓슨Peter Watson은 20세기를 한마디로 '심리학의 시대'라고 규정한다. 20세기에 수많은 일이 일어나고 문명은 진보하였지만 그 한 세기를 표현하는 단어가 '심리학'이었고 여기에 당연히 프로이트가 있다. 과거와 현재가 서로 강하게 얽혀있다는 생각은 『정신분석 강의』의 핵심이다. 프로이트는 아무리 하찮은 경험이라도 반드시 내면에 어떤 흔적을 남기게 마련이며 이 흔적으로 인해 평생에 걸쳐 정신적인 반복과 수정이 계속된다고 말한다. 과거의 흔적은 모든 인간에게는 어떤 식으로든 영향을 미치는데 그중에서 대표적인 영향이 반복성이다. 프로이트는 과거를 반복하

려는 무의식적인 본능이 있다고 보고, 이것을 '반복 강박repetition compulsion'이라고 불렀다. 이것은 정신분석에서 가장 핵심 개념이 된다. 이렇듯이 프로이트는 과거는 절대로 흘러간 것이 아니고 그것의 흔적도 지울 수 없으며 현재의 삶에 지속적으로 영향을 미친다고 보았다.

『나는 시간이 아주 많은 어른이 되고 싶었다』에서 페터 빅셀Peter Bichsel은 오래전 미국에 있을 때 파티에서 만난 젊고 똑똑하며 자의식이 넘치는 한 흑인 여성을 만난 것을 소개한다. 그녀에게 고향을 물었을 때 그녀는 '뉴욕'이라고 말하고는 잠깐 주저하는 듯하며 허공을 응시하다가 "뉴욕 사람이에요. 거기서 태어났지요."라고 말했다. 그러자 옆에 있던 그의 남편으로 보이는 남자가 놀라면서 "워싱턴에서 태어났잖아."라고 말하였다. 그 순간 그녀는 그를 엄한 눈길로 보고는 단호하게 말했다. "어디서 태어났는지는 내가 결정해. 어디 출신이든 간에 난 뉴욕에 와서야 '살기' 시작했으니까.(p. 185.)" 페터 빅셀은 미국에서 흑인이 가장 많이 사는 곳이 워싱턴이며 아주 많은 흑인이 빈곤이라는 불행을 가졌지만 아마도 그녀는 그런 환경에서 벗어나서야 진짜 인생을 살게 된 것 같다고 설명한다.

그녀는 뉴욕에서 진짜 인생이 시작되었지만, 프로이트는 그녀에게 아마 냉정하게 말할 것이다. '당신이 자신의 과거를 부정하고 새로이 과거를 만들려고 해도 과거는 여전히 흔적을 당신에게 남기고 있소! 과거를 부인하려고 하기보다 오히려 과거를 인정하고, 그 영향을 받아들인다면 오히려 당신이 편해질 수 있소.'라고 제안을 해줄 것이다.

프루스트에게 과거의 시간은 기쁨을 떠올리게 하는 행복이 있는 곳으로 행복과 기쁨의 근원이라면, 프로이트에게 과거의 시간은 현재 우리가 겪는 고통의 근원이 있는 곳이다. 프로이트는 현재에 영향을 미치는 과거의 영향을 다섯 가지로 정리한다. 먼저 인간의 모든 경험은 무의식에 흔적을 남기지만, 특히 유아기가 가장 중요하고, 그중에서도 가장 핵심적인 경험이 성적인 것이라는 것, 과거의 기억은 그냥 잊혀 사라지는 것이 아닌 억압된다는 것, 모든 마음의 병과 꿈은 모두 유아기에서 원인을 찾을 수 있다는 것이다. 따라서 프로이트는 마치 고고학자처럼 한층 한층 내면을 파헤쳐 들어가면서 지나간 과거에 만들어진 억압된 기억의 흔적을 찾아 내려갔다.

프로이트는 과거가 우리의 무의식에 여전히 흔적을 남기고 있기에 현재를 건강하게 살기 위해 과거의 경험과 기억이 고스란히 저장되어 있는 무의식을 탐색해야 한다고 말한다. 과거의 모든 경험은 아무리 오래전에 일어난 것일지라도 현재와 끊임없이 상호작용을 한다. 과거는 현재를 갉아먹고 있지만 과거의 지속성을 인정하고 과거를 현재 속에서 통합하면 과거의 기억들은 현재에 더 이상 고통을 주지 못한다. 무용수가 아름답게 몸을 움직일 수 있는 것은 그가 과거에 수많은 동작 경험을 기억하고 있으며, 이것들을 잘 통합하고 있기 때문인 것이다. 우리도 현재 속에서 과거의 경험들을 잘 편집하고 통합하면 현재와 미래를 건강하게 대처할 수 있는 존재가 될 수 있다. 과거는 파괴적인 결과를 줄 수 있지만 현재 속에서 과거를 잘 편집하고 통합한다면 건강한 삶이 가능하다.

나는 학창 시절 오늘날의 용어로 '스따'였다. 즉, 스스로 왕따라는 말이다. 나는 친구들을 사귀지 못하는 아이였고 늘 혼자였다. 나에게 소풍은 커다란 걱정거리였다. 소풍을 가면 김밥을 먹을 텐데 나는 함께 어울려서 밥을 먹을 친구가 없었다. 야외에서 반 아이들이 삼삼오오 모여 앉아 신나게 떠들며 식사를 할 때 나는 엄마가 싸 준 김밥을 구석 모퉁이에서 혼자 먹어야 했다. 무척 곤혹스럽고 힘든 시간이었다. 수업이 있는 교실에서는 그나마 집단 속에 묻히지만 소풍 때는 반드시 친구가 필요했다. 가끔 그때 내 모습을 떠올리면 지금도 가슴 한쪽이 아파 온다. 내가 혼자였던 이유를 한 가지로 정리하기는 어렵다. 여러 이유가 있었지만 어쩌면 그 시작은 어머니의 어린 시절로 돌아가야 할 것이다.

어머니가 초등학교 고학년 때 할아버지가 갑자기 세상을 떠났다. 외할머니는 졸지에 6남매의 가장이 되었다. 억척같은 외할머니는 분식집을 하면서 자녀를 키웠다. 5남매 중에 아들인 두 명의 삼촌은 특별 대우를 받아 할머니의 열성으로 결국 서울대학교에 모두 입학하였다. 특히 작은 삼촌이 서울대를 포기하려고 하자 아들을 설득해서 결국 삼수 끝에 서울대학교를 들어가게 만든 것도 할머니였다. 할머니는 정말 대단하신 분이었다. 그러나 나의 어머니에게 할머니는 공포의 대상 그 자체였다. 어머니는 선천적으로 느린 기질인데, 할머니는 이것을 허용하지 않았다. 혼자서 자녀들을 키우고 살아가기 위해 할머니는 더욱 강해야 했고 여기서 받은 슬픔과 억울함을 말귀를 잘 알아듣지 못하는 큰딸에게 퍼부었다. 어머니는 매일 잔소리, 매질, 구박을 받아야 했고 자신감은 바닥으로 떨어졌다. 학교에서는 늘 우울하고 친구를 잘 사귀지 못하는 아이가 되어 갔다. 매일매일이 어머니에겐 지옥이었을 것이다. 그런 어머니가 쾌활하게 웃고 자신감을 갖고 당당히 친구들을 사귀기는 어려웠다.

나는 어머니의 첫 자녀로 유난히 어머니와 밀착되어서 성장했다. 어머니는 나를 사랑하지만 어떻게 사랑을 하고, 어떻게 자녀의 감정을 어루만져 주고 위로해 주는지, 어떻게 자녀에게 자신감을 스스로 느끼게 만드는지 전혀 모르셨고 나는 일종의 방치된 아이로 성장했다. 나는 어머니처럼 자신감이 전혀 없는 아이로 자라나게 되었고 누군가 나에게 다가오면 좋기도 하지만 불안해서 슬슬 뒷걸음질 치는 아이가 되었다. 어느 순간 나도 어머니처럼 외롭고 혼자인 아이가 되었다. 고등학교 3학년 마지막 수업 시간에 담임선생님은 "광현이 너는 언제나 무기력하고 위축되어 있었어. 광현아, 이제 자신감을 갖고 인생을 살아라!"라고 말씀해 주셨다. 이 말씀은 오래도록 내 안에 남아 있다. 나는 대학을 가고 군대에 들어가면서 오랜 외톨이 생활을 청산하게 되었다. 특히 군대에서 나는 좋은 전우들과 생활하게 되었고, 그들이 나에게 지나치게 호의적이라는 사실에 놀랐었다.

군대 생활을 계기로 나는 조금씩 세상 밖으로 나오기 시작했다. 그후 정상적인 교우관계와 대인관계를 유지하며 살아오고 있다. 하지만 지금도 나는 혼자 있는 것이 편하고, 서재에서 책을 보거나 연구할 때에 마음 깊은 곳에서부터 행복감을 느낀다. 그동안 유학을 다녀오고, 교수가 되고, 상담 분야에서 어느새 전문가가 되면서 제자나 주변 사람이 나와 어울리고 친해지고 싶어 한다는 것을 잘 알고 있다. 그러나 나는 연구한다는 핑계로 여간해서는 골방에서 나오지 않는다. 덕분에 나는 타인들을 잘 관찰하고, 그들의 감정과 더 나아가서 내면을 파악하는 데 빠른 편이다. 늘 내면을 탐색하고 자기와의 끝없는 싸움을 해야 하는 직업을 가진 사람으로서 매우 유리한 능력이다. 그래서 어쩌면 외로움은 지금 나의 경쟁력일 수 있다. 하지만 아마도 나는 지금도 외로운 사람일 것이다. 어릴 때부터 나는 무리에 들어가지 못하고 주변을 맴돌던 그런 아이였고 지금도 크게 달라져 있지는 않다.

과거는 과거일 뿐, 나는 지금 현재가 더 중요하다고 말하면서 과거의 흔적을 애써 부인하려는 사람들에게 프로이트는 불편한 사람일 것이다. 현재의 고통과 갈등을 해결하기 위해 언제나 과거로 돌아가야 한다는 것은 많은 사람을 고통스럽게 하고 무의미한 일로 여겨질 수도 있다.

다자이 오사무Dazai Osamu의 『쓰가루』에서 집필 의뢰를 받은 다자이는 고향 쓰가루로 여행을 떠난다. 쓰가루는 우리에게 아오리 사과로 알려져 있는 지방이다. 자전적 독백이 묻어 있는 이 소설은 그가 쓰가루 지방을 여행하며 지인들을 만나서 그곳의 특색을 설명하는 형식으로 되어 있다. 오랜만에 방문한 고향에서 꼭 만나고 싶었던 사람은 삼십 년 전에 헤어진 다케라는 하녀였다. 어머니는 병으로 태어난 아기에게 젖을 주지 못했고 그래서 그는 태어나자마자 바로 유모에게 맡겨졌다. 세 살이 되어 젖을 떼게 되자 유모와 헤어지고 대신 아이를 돌보도록 고용한 하녀 다케를 만나게 된다. 하루 대부분을 다케와 보내며 책 읽는 법을 배웠다. 같이 절에 가서 거짓말하면 지옥에 간다는 것을 배우기도 하였다. 여덟 살 때까지 다케의 돌봄과 교육을 받던 그는 다케가 떠나자 이삼일 동안 목놓아 울기만 했었다. 성인이 된 지금도 고향 하면 떠오르는 것은 어머니나 형들, 친구들이기보다 바로 다케였다. 맛있는 것을 가장 나중에 먹 듯이 다케와의 만남을 마지막 여정으로 남겨 뒀던 그는 드디어 다케를 만나기 위해 고도마리 항구의 마을로 향한다. 전후 일본 문학에서 가장 아름다운 만남의 한 장면이 펼쳐진다. 아장아장 걷던 그 아이가 이제 어른이 되어 다케를 만나기 위해 머나먼 고도마리까지 온 것에 다케는 기쁨을 감추지 못하고 "강하고 거침없이(p. 256.)" 솔 직하게 애정 표현을 하였다. 언제나 예의를 차리는 형제들과 그는 근본적으로 달랐다. 그래서 형들과는 왠지 마음을 터놓고 스스럼 없이 대할 수 없었다. 그는 언제나 가족들 안에서 낯선 존재였다. 다자이는 다케와의 재회를 통해 비로소 자기 성장 배경의 본질을 깨닫게 된다.

나는 결코 곱게 자란 사람이 아니다. 어쩐지 부잣집 아들답지 않은 면이 있었다. 보라. 내가 잊을 수 없는 사람은 아오모리의 T군, 고쇼가와라의 나가하타 씨, 가나기의 아야, 그리고 고도마리 의 다케다. 아야는 지금도 우리 집에서 일하고 있고, 다른 사람들 도 옛날에 한번쯤은 우리 집에 있었던 적이 있는 사람들이다. 나 는 이 사람들과 친구다.

『쓰가루』 p. 256.

다자이는 자신의 본질을 알게 된다. '나는, 다케의 자식이다.' 쓰가루로의 과거여행 속에서 그는 자신을 알게 되고 그가 왜 다른 가족들과는 다를 수밖에 없었는지를 알게 된다.

오랜만에 동생을 보았는데도 큰형과 작은형은 모두 고개를 살짝 끄덕이기만 할 뿐이었다. 그는 예의를 중시하고 절제되어 있는 가족들과 자신이 다르다는 것에 더 이상 고통받지 않아도 된다. 이제 그들과의 다름은 당연한 것이 된다. 다자이는 과거로의 여행을 통해 현재 속에서 과거의 흔적을 통합하게 된다. 그리고 이를 통해 현재 자신의 모습을 긍정적으로 받아들이게 된다. 우리가 지나간 과거의 시간을 찾아갈 때 심리학이 우리에게 주는 도움은 단순히 고통의 기억을 없애 주거나 부정적인 감정을 해소해 주는 것이 아니다. 심리학은 우리가 바라보는 시선에 변화를 가져다준다. 고통을 머금고 있는 과거의 기억을 바꿀 수는 없지만 과거에 새로운 의미를 부여하게 되면 현재 안에서 긍정적인 변화가 일어나게 된다.

프로이트는 현재의 나를 알기 위해 과거를 탐색할 것을 제안한다. 과거의 시간은 현재의 불행과 갈등의 원인이 있는 곳이며 동시에 지금의 나를 비춰보는 거울이다. 반면에 마르셀 프루스트는 현재의 불행과 비참함을 과거의 시간을 통해 구원받을 수 있기에 현재를 살아갈 수 있게 된다고 제안한다. 그에게 과거의 시간은 현재를 살아가게 하는 동력이다.

우리에게 과거의 시간은 삶의 모순과 아픔의 뿌리가 있는 프로이트적인 곳인가? 현재의 삶을 버티게 해 줄 기쁨과 행복이 머문다는 프루스트적인 곳인가? 아니면 둘 다인가?

10

남의 시선을
의식하지 않을 용기

Text Book

『미움받을 용기』 기시미 이치로, 고가 후미타케

『책벌레들 조선을 만들다』 강명관

Healing Book

『가족의 발견』 최광현

    강명관 교수의 『책벌레들 조선을 만들다』에서 조선은 사대부의 나라로 학문하는 사람들의 나라였다고 말한다. 공무원 채용이 학문의 능력에 좌우되었고 왕과 신하들은 먹고 사는 문제보다 학문을 논하고 연구하는 것을 더 가치 있게 여기던 사회였다. 학문을 중시하는 사회 분위기 속에서 전통주자학은 지배 이데올로기가 되었다. 이것은 도저히 타협할 수 없는 가치가 되었고 일종의 교리였다. 전통주자학이 지배하는 사회에서 기존 질서에 벗어나는 사상은 이단이 되었고 언제나 기존 질서에 편입하도록 이끌었다. 강명관 교수는 계몽군주 정조마저 가장 보수적인 전통주자학을 지키려고 애를 썼다고 주장한다. 신하들이 조금이라도 주자학에서 벗어나지 못하도록 사상에서부터 문체까지 검열하였다고 한다. 정조가 신하들의 문체마저 감시하였던 것은 고증학의 영향을 차단하고 보수주자학을 지키려고 하였던 것이다. 조선의 책벌레들이 500년 동안 학문을 연구하였음에도 우리에게 데카르트, 니체, 양명학의 선구자 남언경과 같이 시대를 가로지르는 새로운 패러다임을 제시하는 이론이 나올 수 없었던 이유는 학문을 제대로 하는 사람이 없어서가 아니었다. 기성 학문체계에 'No'를 할 수 있는 용기가 허락되지 않았고 모든 학문 연구자는 마치 붕어빵처럼 같은 모양, 같은 생각, 같은 이론에 머물러야 했기 때문이다. 나무가 커지려면 새로운 가지가 뻗어 나가야 하는데, 기존에 뻗은 가지만 허용한다면 그것은 잔가지일 뿐이다.

여러 대학의 교수들을 만났을 때 '우리 학교 애들 착해요.' 라는 말을 종종 듣는다. 하지만 이 말이 결코 칭찬이 아님을 알게 되었다. 수업 시간에 열심히 한 글자도 놓치지 않으려고 노트에 옮겨 적지만, 질문을 하라면 거의 다 꿀 먹은 벙어리처럼 긴장해서 앞만 쳐다보곤 한다는 말을 많이 듣는다. 우리 학생들은 질문이 없는 것이 아니다. 자기의 생각과 느낌, 의문을 자유롭게 표현하는 것이 허용되지 않은 교실에서 성장한 그들은 질문 시간도 마치 정답을 찾는 것처럼 교수가 원하는 질문을 어떻게 해야 할지를 고민하고 있는 것이다.

엄격한 위계질서를 강조하는 가정이나 사회 안에서 타인의 기대를 거슬러 미움의 대상이 되는 용기를 갖기는 어렵다. 다른 사람의 요구에 거부를 표시하거나, 상대방과 다른 의견을 갖고 있음을 표현할 때 자연스럽게 긴장과 갈등이 발생한다. 이런 긴장과 갈등에 관대한 사회와 그렇지 못한 엄격한 사회는 전혀 다른 사회적 진보를 만들어 낸다. 한 사회의 변혁과 발전은 언제나 기존체계에 의문을 제기하고 타인과의 긴장과 갈등을 감수했던 사람을 통해서 가능했다. 기성질서를 거부하고 자기만의 목소리를 내려는 시도는 언제나 반대에 부딪치고 미움의 대상이 된다. 토머스 쿤Thomas Kuhn이 말하는 '패러다임의 전환'은 기존의 사고 틀을 벗어날 때 가능하다. 기존의 사고 틀을 벗어나 자기의 시각과 주장을 가졌던 사람은 사람들의 지지와 수용을 포기하고 미움받을 수 있는 용기를 가졌던 사람들이다. 결국 이들에 의해 사회는 변화되어 가고 결과적으로 지속될 수 있다.

기시미 이치로, 고가 후미타케Kishimi Ichiro, Koga Fumitake의 『미움받을 용기』에는 '패러다임의 전환'과 관련되어 '고르디우스의 매듭'이 소개되어 있다.

기원전 4세기경 마케도니아의 국왕이지. 그가 프리지아Phrygia로 원정을 나갔을 때 그곳 신전 기둥에 묶여 있는 전차 한 대가 있었다네. 과거 프리지아의 국왕이었던 고르디우스가 단단히 묶어 두라고 명령을 내려서 그렇게 해 둔 것이었지. 당시에 '전차를 묶은 매듭을 푼 자는 아시아의 왕이 되리라.'는 전설이 있었다네. 그런데 어찌나 복잡하고 단단하게 매어 놓았던지, 머리깨나 쓴다 하는 자들이 앞다투어 도전했지만 아무도 그 매듭을 풀지 못했네. 그런데 알렉산드로스 대왕이 어떻게 한 줄 아나?

전설의 매듭을 보란 듯이 풀고 아시아의 왕이 되었군요.

아니 알렉산드로스 대왕은 단단하게 묶인 매듭을 보자마자 단

검을 꺼내 단칼에 끊어 버렸네

『미움받을 용기』 p. 173.

'고르디우스의 매듭'으로 알려진 이 일화는 기존의 방식으로 도 저히 풀 수 없는 '실타래'를 완전히 다른 방식으로 해결하는 것으로 '패러다임의 전환', 즉 발상의 전환을 상징한다. 이런 발상의 전환 은 우리의 지나간 역사와 문화에서만이 아닌, 한 개인의 인생에서 도 필요하다. 『미움받을 용기』는 우리가 행복하고 자유로운 인생을 선택하기 위해 필요한 삶의 자세가 타인에게 미움받는 것을 두려워 하지 않는 것이라고 말한다.

나는 전작 『가족의 발견』에서 상담사인 나에게 찾아오는 사람들 대다수가 상담실이 아닌 사회에서 만났다면 '호감을 주거나 적어 도 불편하지는 않은 사람들'이라는 사실에 의문을 제기한 적이 있 다. "왜 착한 사람들이 상담실에 차고 넘칠까?"

『미움받을 용기』는 착한 사람들 대부분이 지나치게 타인에게 미 움을 사지 않으려고 했던 사람이라고 말하고 있다. 우리는 어릴 때 에 다른 아이들에게 미움을 사지 말 것을 배우고, 성인이 되어 사회 생활을 할 무렵 회사 안에서 가능한 적을 만들지 않는 것을 중요한 처세술로 익혔을 것이다. 그러나 기시미 이치로, 고가 후미타케는

우리가 당연하게 알고 있던 인간관계의 원칙을 뒤집는다. 나를 미워하는 사람이 없다는 것은 결코 칭찬할 상황이 아니라고 분명히 말한다. 왜냐하면 "모든 사람에게 미움을 받지 않는다는 건 부자유스러운 동시에 불가능한 일(p. 187.)"이기 때문일 것이다.

우리가 타인에게 미움받지 않기 위해서는 자기 자신보다 타인을 먼저 우선순위에 올려야 한다. 늘 타인의 눈치를 보고, 상대방이 무엇을 원하는지 빨리 파악하기 위해 애를 쓴다. 타인의 평가가 내 자신의 것보다 더 중요하다. 그런데 문제는 상대방의 기대를 만족시키기 위해 전전긍긍하는 사람은 '나'라는 존재를 무시하게 된다. 주변에서 흔히 볼 수 있는 미움받지 않으려는 이런 사람들을 우리는 흔히 '착한 사람'이라고 부른다. 착한 사람은 원래부터 착한 사람이 아니다. 언제나 주변 환경과 사람들의 기대에 자신을 맞추려고 애를 쓴다. 자기의 욕구와 감정과는 상관없이 언제나 타인의 시선으로 '나'를 보는 습관을 갖고 있다.

우리는 다른 사람들의 관심과 지지를 통해 우리의 자아를 안정적으로 유지할 수 있기 때문에 계속 타인에게 미움받지 않기 위해 애를 쓰게 된다. 우리는 어릴 때부터 끊임없이 타인의 인정과 관심을 받기 위해 애를 써야 하는 운명이다. 그런데 그러다 보면 타인들의 요구와 기대에 갇혀 자신의 자유와 행복을 망칠 수 있다. 인생에서 우리는 그동안 자아의 안정을 제공하던 타인의 인정과 지지를 버리고 혼자서 앞을 헤쳐 나가야 할 때가 있다.

우리의 인생은 어느 때는 지루한 반복의 연속으로 별 의미도 없고 변화도 없는 시간을 보내기도 하지만, 어느 순간 인생 전체를 통틀어서 가장 중요한 시간을 보내게 된다. 이런 시기는 사람의 인생에 따라 다르지만 보통 대학이나 대학원을 졸업하고 1년 동안의 시기가 여기에 속한다. 이 시기에 만난 사람들, 접하게 된 정보, 첫발을 내디딘 직장이 어디인가에 따라 다른 인생을 살 수 있다. 나에게 그런 시기는 대학원을 졸업한 직후였다. 내게 공부의 재능이 없다고 판단한 부모님은 한국에서 대학원을 졸업하고 바로 취업하기를 바랐다. 하지만 나는 공부를 더 하고픈 욕심이 있었다. 부모님은 당시 독일에서 생활하고 계셨고 나는 유학을 가는 것이 아닌 그냥 집에 돌아가서 공부를 더 하면 되는 것이었다. 하지만 이런 나의 계획은 부모님의 반대에 부딪쳤고 6개월 동안 갈등을 빚었다. 부모님은 나를 설득하려고 애를 썼다. 독일에 온 우수한 인재들도 공부를 못 마치고 돌아가는데 별로 뛰어나지 않은 너도 그런 신세가 될 것이라고 하면서 나를 설득하였다. 하지만 나는 완강하게 버티었고 짐을 정리해서 독일로 무작정 들어갔다. 프랑크푸르트 공항에 마중 나온 부모님은 '왜 그냥 취업하라는데 여기까지 왔냐'고 언성을 높여 소리를 질렀고 나도 여기에 뒤지지 않게 그만하라고 고함을 질렀다. 나는 언제나 부모님의 뜻을 따르는 순종적인 아들이었다. 내 인생의 문제에 대해 내 의견을 제기하기보다는 늘 따르는 편이었다. 그러나 이때만큼은 도저히 부모님과 타협할 마음이 없었다. 당시 나는 부모님과 긴장과 갈등을 야기한 장본인으로 가족에게 지탄의 대상이 되었다. 그러나 당시 나의 선택은 정말로 올바른 선택이었음을 그동안의 삶을 통해 증명하였다. 나는 부모님의 뜻을 거역하였다. 이것은 당시 엄청난 긴장과 갈등을 불러왔지만 그랬기 때문에 오히려 지금은 더욱 자랑스러운 아들이 될 수 있었다.

부모는 자녀가 잘되기를 바라고 그러기 위해 자신의 인생 경험을 바탕으로 자녀를 이끌려고 한다. 그러나 부모의 경험은 제한적일 수밖에 없으며 시대의 변화에 미처 따라가지 못할 수 있다. 부모에게 순종해서 부모가 원하는 길을 사는 것이 어느 때는 인생의 절벽으로 떠밀리는 결과를 낳을 수도 있다. 나이가 먹을수록 사람 노릇을 하지 못하고 일과 사랑에 실패하는 자녀들 대부분은 어릴 때부터 반항하고 문제를 일으키던 자녀가 아니다. 오히려 착하고 순종적이며 언제나 부모 말에 주의를 지나치게 기울였던 사람이다. 이들은 착하고, 순종적이었음에도 왜 자기의 인생을 성공하지 못하고 결과적으로 가족의 짐이 되고 만 것인가?

그것은 그들이 타인의 시선으로만 살려고 했던 '착한 아이 콤플렉스'에 사로잡혀 있었기 때문이다. 자유롭게 산다는 것은 가족과 부모에게서 벗어나 독립과 분리를 통해 한 성인으로 성장한다는 것을 의미한다. 부모와 가족으로부터의 정서적인 독립과 분리는 타인에게 의존하지 않고 스스로 독립적인 삶을 살도록 하여 결과적으로 자기 자신을 가치 있게 만든다.

부모는 자녀에게 인생의 매뉴얼을 다 가르쳐 주지 못한다. 인생의 어느 순간이 되면 그동안 당연시했던 가치기준을 버리고, 더 이상 부모와 어른들의 말씀에 순종하지 않는, 착하지 않은 사람이 되어야 한다는 사실을 아무도 가르쳐 주지 않는다.

'남이 니에 대해 어떤 평가를 내리든 마음에 두지 않고, 남이 나를 싫어해도 두려워하지 않고, 인정받지 못한다고 실망하지 않는'

삶의 자세는 역설적으로 건강한 인간관계를 만들어 주고, 행복한 인생을 살 수 있도록 해 준다.

건강한 자아를 형성하기 위해 역설적으로 타인의 관심과 기대, 지지를 포기할 수 있는 용기가 필요하다. 자기 인생에서 타인의 인정이라는 달콤한 꿀단지에만 매달리지 않고 거절할 수 있는 사람만이 건강한 자아를 형성할 뿐 아니라 행복을 위해 반드시 필요한 독립과 자유를 획득하게 된다. 내가 상담실에서 만났던 사람의 대다수는 부모의 뜻을 거역하지 않으려고 애를 쓰고 부모의 권위와 통제에 저항 한 번 하지 못했던 사람이었다. 이들은 성격에 모가 나거나 삐뚤어진 사람들이 아니었다. 언제나 자기 자신보다 다른 사람들을 지나치게 배려하였던 그들에게 필요한 것은 '미움받는 것을 두려워하지 않는 용기'였다.

11
자유롭게 나를 표현할 용기

Text Book

『그리스인 조르바』 니코스 카잔차키스

Healing Book

『나는 까칠하게 살기로 했다』 양창순

전임교수가 되었을 때 나는 은퇴한 전임자의 그림자로 인해 힘들었던 적이 있다. 그분은 오랫동안 학과의 발전을 위해 최선을 다했고 학생들에게는 거의 아버지 같은 존재였다. 사비를 털어 힘든 학생들에게 장학금을 주기도 하고 늘 학생들의 밥을 사 주시던, 말 그대로 존경스럽고 따뜻하며 언제든지 다가갈 수 있는 아저씨 같은 분이었다. 당연히 학과의 분위기는 학생들과 늘 함께하고 언제나 연구실을 개방해서 새로 오는 교수도 학생들과 가깝게 지낼 거란 기대가 존재했다. 이런 교수의 후임이었던 나는 전임자의 모습을 따라 열심히 학생들과 식사를 하고 어울리려고 애를 썼다. 그러나 바쁜 일과 속에서 학생들과 함께하기 위해 시간을 쪼개고 어울리면서 마음 한편에는 연구 시간을 빼앗긴다는 생각을 버릴 수 없었다. 또한 사람들을 사귀는 데 별 재주가 없는 나는 이 모든 것이 즐겁기보다는 일이라고 생각하고 수행하였다. 아무리 열심히 해도 학생들과의 유대 관계는 전임자의 절반도 따라가지 못했고 나는 더욱 자괴감과 열등감에 시달렸다. 후임 교수에게 마음의 문을 열어 주지 않는 학생들을 원망하기까지 하였다. 나는 어느 순간 학과 학생들이 나에 대해 기대하던 기대치를 내려놓기로 하였다. 그리고 나 자신에 대한 기대도 내려놓고 내가 교수로서 가장 잘할 수 있는 것이 무엇인지 그리고 내가 힘들어하지 않고 즐겁게 할 수 있는 부분을 찾게 되었다. 비록 전임자처럼 학생들과 끈끈한 개인적 친밀감을 형성하지 못했지만 내 기질과 성격에 맞는 열심히 연구하는 교수가 되는 것으로 내 자신에 대한 기대를 한정시켰다. 그러자 더 이상 남들의 평가와 기대에 민감하게 반응하지 않고 자유롭게 내가 가장 만족할 수 있게 되어서 비로소 내 자리를 찾게 되었다.

나는 타인의 기대와 시선 그리고 내 자신에게 요구했던 것들을 내려놓음으로써 자유로워졌고 더 이상 다른 사람들의 평가와 그로 인한 실망감으로부터 거리를 둘 수 있었다. 그것이 가능했던 것은 내 자신을 인정하였기 때문이다. 나의 한계를 받아들이고, 나의 내면 욕구를 존중하면서 내 길을 찾게 되었다.

『그리스인 조르바』는 "항구 도시 피레에프스에서 조르바를 처음 만났다."로 시작된다. 소설은 화자인 나와 조르바 두 사람의 이야기를 담고 있다. 광산 개발을 위해 고용한 조르바는 카잔차키스Nikos Kazantzakis가 오랫동안 찾아다녔으나 만날 수 없었던 바로 그 사람이었다.

> 그는 살아 있는 가슴과 커다랗고 푸짐한 언어를 쏟아 내는 입
> 과 위대한 야성의 영혼을 가진 사나이, 아직 모태인 대지에서 탯
> 줄이 떨어지지 않은 사나이였다.
>
> 『그리스인 조르바』, p. 22.

조르바는 그를 고용하는 화자인 '나'에게 자기의 마음이 내켜야 움직일 수 있다는 사실을 다짐시키며 자기한테 윽박지르면 그때는 끝장이라고 엄포를 놓는다.

> 결국 당신은 내가 인간이라는 걸 인정해야 한다 이겁니다.
> 인간이라니, 무슨 뜻이지요?
> 자유라는 거지! 나는 자유를 원하는 자만이 인간이라고 생각합니다.
>
> 『그리스인 조르바』, p. 24.

조르바에게 인간은 자유를 의미했다. 그에게 상대를 인간으로 존중해 준다는 것은 그의 자유를 인정한다는 의미다. 조르바가 가진 자유는 단지 그가 매사에 거침없는, 자유로운 영혼을 지닌 사람만을 의미하지 않는다. 그가 가진 자유는 인류가 잃어버린 본성을 의미했다. 문명과 종교라는 껍질을 갖기 이전의 태곳적 원시성을 의미

하고 있다. 그리스인도 존재하지 않던 시절 문명도 종교도 시작되기 이전의 태곳적 인간의 모습을 조르바는 갖고 있었다. 이미 정교하게 발전된 오래된 문명과 그 속에서 만들어진 사회와 종교 속에서는 이미 사라져 버린 줄 알았던 태곳적 본성이 조르바 속에서 살아서 꿈틀댔던 것이다. 우리가 "문명이라고 부르는 보잘것없는 껍질이 깨어지면서 불사의 야수, 털북숭이의 신, 무서운 고릴라(p. 224.)" 같은 존재가 조르바를 통해 튀어나온 것이다.

자유로운 인간 조르바를 고용한 화자인 '나'는 사실 전혀 다른 인간 유형이다. 나는 좀 더 문명에 길들여지고 현대사회에 적응되도록 훈련되었고 조르바처럼 내부의 태곳적 인류가 가졌던 본성인 신성한 야만의 목소리를 따르지 않았다. 나는 조리에 닿지 않는 것을 포기하고, 형이상학적 차가운 논리에 귀를 기울이는 인간이다. '나'는 광산 개발을 위해 고용한 조르바를 곁에서 지켜보면서 그가 가진 살아 있는 자유인의 체취를 맡으며 매료당한다.

이러한 조르바와 '나' 두 사람의 본성의 차이를 보여 주는 사건이 발생한다.

과부 소멜리나는 온 동네 남자의 가슴에 불을 지르는 여성이다. 그녀가 '나'에게 다가오면서 그녀를 유혹할 확실한 기회를 얻지만 '나'는 그 기회를 피한다. 조르바는 '나'에게, "두목, 수컷을 불명예스럽게 만들지 마시오! 신과 악마가 이 기찬 음식을 당신에게 내린 겁니다. 당신에게 이가 있지요? 그럼 이를 박아요. 손을 내밀어 저 과일을 따 먹어요! (p. 149.)"라고 답답해하며 말한다. 그러나 "말썽이 생기는 건 질색이에요! 내가 짜증으로 응수했다. 내가 짜증을 낸 것은, 내 내부의 욕망 역시 암내를 풍기며 지나간 그 탄탄한 몸을 갈망하고 있었기 때문이었다.(p. 149.)" '나'는 그녀를 간절히 원하고 있었고 그녀와의 동침을 갈망했기에 더 이런 상황을 피하고 싶었다. '나'의 내부에서 올라오는 욕망을 인정하고 그것을 자유롭게 허용해 주는 것 자체가 낯설고 두려웠기 때문이다. 내면에서 올라오는 자유로운 욕망 그 자체가 금기의 대상이었고 두려움 그 자체였다.

니코스 카잔차키스는 그리스인 조르바를 그가 실제로 만난 인물에서 만들어 내었다. 따라서 이 이야기는 다른 어떤 문학작품보다 작가 자신의 인생과 긴밀하게 연결된다.

카잔차키스는 태어날 때 아기를 받아 주던 노파가 다리를 붙잡고 이 아이는 주교가 될 것이라고 예언하였다. 그리스 사회에서 주교는 단지 고위성직자가 아닌 만인의 존경과 위엄을 지닌 사람이다. 프로이트 역시 그가 태어날 때 출산을 돕던 노파가 이 아기는 세계적인 인물이 될 것이라는 예언을 하였고, 이 예언은 어머니를 통해 프로이트에게 이어져 프로이트가 평생 지녀 온 일종의 소명이 된다. 그리스인에게 종교는 그리스인의 삶 자체가 되었다. 터키의 오랜 지배 속에서 언어, 문화를 지킬 수 있었던 힘은 그리스의 기독교 덕분이었다. 그러나 카잔차키스 시대에 교회는 생동감을 잃어버리고 오랫동안 싸워야 할 대상을 잃은 상태였다.

카잔차키스가 쓴 파계 수도승 이야기(파계 수도승이 울고불고 금식하고 기도했지만 어떠한 마음의 평화도 얻지 못하다가 여자와의 동침으로 육신으로 느끼는 쾌락의 절정을 맛보면서 비로소 감사 기도를 올릴 수 있었다는 이야기)는 카잔차키스가 기존과 다른 새로운 영성의 길로 들어

선 것을 말해준다. 카잔차키스에게 기성 종교는 제도, 관념, 교리로 단단히 무장되어 있어 인간이 변화하고 새로워지지 못하게 옭아매는 오랏줄과 같았다. 그는 조르바라는 인물을 통해 속박에서 벗어나 자기 내면에 있는 자유와 그것을 향한 거센 욕망의 실체를 볼 수 있었다. 그래서 지극히 평범한 노동자 중 한 명일 수 있는 조르바를 발굴하고 세밀하게 관찰하였으며 타자로 여기지 않고 자기 삶의 한 부분으로 끌어들였다. 따라서 조르바는 니코스 카잔차키스 내면의 열망을 실현해 주는 상징물이라고 할 수 있으며 그에게 전혀 낯선 존재가 아닌 내면에 존재하지만 감히 인식하거나 허용하지 못했던 또 하나의 자아라고 할 수 있다.

화자인 '나'는 조르바의 삶을 통해 자신을 객관적으로 보게 되면서 드디어 자기를 알게 된다.

나 혼자만 발기 불능의 이성을 갖춘 인간이었다. 내 피는 끓어오르지도, 정열적으로 사랑하지도, 미워하지도 못했다. 나는 모든 것은 팔자소관이라고 주장하면서 겁쟁이로 사태를 바로잡아 보려고 했던 터였다.

『그리스인 조르바』 p. 238.

조르바에게 현대인의 특성인 과거에 대한 반성이나 미래에 대한 준비는 존재하지 않는다. 인간이 문명을 이루면서 얻게 된 최고의 덕목인 비판과 반성, 숙고, 준비라는 문명적 요소가 없다. 오직 그는 현재의 욕구를 위해 산다. 그러나 어쩌면 인간이 이룩한 위대한 문명과 교양이 인간의 삶을 옥죄는 껍질이 되어 있다면 문명화 과정에서 야만으로 치부하고 잃어버린 인간 본성을 기억할 필요가 있을 것이다.

우리는 금지된 욕망 뒤에 숨겨진 또 다른 나를 발견한다. 우리 내면의 열망은 무엇인가? 분명한 것은 카잔차키스의 조르바와는 분명히 다를 것이다. 조르바는 인간 욕망의 억압과 반대편에 놓여 있다. 조르바는 인간을 억압하는 욕망과 샴쌍둥이인 셈이다. 우리는 일상 속 내면에서 조르바적인 야만적 욕구와 다른 사람의 기대와 요구에 맞추려는 문명적 욕구 사이에서 갈등한다.

문명화되어 본능적 욕구를 억압하려는 화자인 '나'는 인간의 '자아'를 상징하며, 원시적 본능에 충실한 조르바는 '자아'의 반대편에 있는 '그림자'를 나타낸다. 따라서 우리 인간은 '자아'와 '그림자'의 모습이 얼마나 적절한 균형을 이루는가가 중요하다.

감정과 정서는 같은 말인 듯하지만 차이가 있는 말이다. 감정 feeling은 정서emotion의 의식적인 부분이다. 정서는 우리 내면의 무의식적인 부분이고, 감정은 의식적으로 체험되고 사고에 의해 인식되는 정서의 일부분이다. 심리학에 의하면 인간의 뇌에는 기본욕구에 반응하는 방식으로 '접근 시스템'과 '회피 시스템'이 존재한다. 접근 시스템은 인간의 기본적 욕구 충족을 담당하여 쾌락을 추구하고 불쾌를 피하려고 한다. 회피 시스템은 안전을 중시하고 위험을 감지하고 회피와 보호를 담당하여 자기의 안정을 위해 자기의 욕구를 억압하고 타인과의 관계에서 부딪히지 않고 순응하게 한다. 내면의 야만적 욕구에 충실한 조르바는 접근 시스템에 충실한 인간 유형이며 자기의 욕구를 억압하는 화자인 '나'는 회피 시스템이 발달한 유형이다. 우리의 정서는 무의식적이기 때문에 그 자체로 독자적인 생명력을 가지며, 욕구를 충족시킨 경험은 편하고 기분 좋은 정서를 갖게 하지만 욕구를 거스른 경험은 불편하고 부정적인 정서를 경험하게 만든다.

정신과 전문의 양창순은 『나는 까칠하게 살기로 했다』에서 우리는 매사에 실수하지 않고 완벽한 모습을 보여야 한다는 자신에 대한 기대감이 우리를 더 힘들게 한다고 말한다. 우리 모두는 자신의 욕구를 억누르고 필사적으로 타인의 기대치와 자신의 기대치를 채우기 위해 노력하면서 그 가운데 피로해지고 소진된다. 카잔차키스의 표현을 빌리면 이것은 발기 불능의 현대인이 되는 것이다.

양창순은 우리가 언제나 두 가지 요구에 직면한다고 말한다.

> 할 수만 있다면 마음 가는 대로 자유롭게 말하고 행동하고 싶다는 욕구와 그럴 수 없음을 알기에 조심하고 신중해야 한다고 자신을 억누르고자 하는 욕구가 그것이다.
>
> 『나는 까칠하게 살기로 했다』 p. 6.

이 두 가지는 언제나 부딪치면서 갈등을 일으킨다고 말한다. 결국 대부분의 사람은 후자를 선택해서 자기를 억누르고 자신의 생각과 감정을 표현하고 싶은 욕구를 포기한다. 그리고 이것은 우리를 더욱 피로하게 만드는 주범이 된다. 자신의 감정과 생각 더 나아가서 자기의 욕구를 포기하는 일이 반복되면 분노, 불안, 두려움, 피해의식 등의 감정이 제대로 해결되지 못하고 자연히 우울증에 걸리게 된다.

'회피 시스템'에 지나치게 길들여진 사람은 자기의 의지와는 상관없이 내면에 불편한 정서를 쌓아 두게 되고 더 이상 버티지 못하게 되면 불편한 정서에 지배받게 된다. 이런 불편한 정서는 쉽게 사라지지 않는다. 흥분하지 말고 마음을 가라앉히라는 호소나 그만 우울해하라는 충고가 전혀 귀에 들어오지 않기 때문에 편안한 정서로 건강한 생활을 하려면 불편한 정서가 지나치게 쌓이지 않도록 해야 한다.

양창순은 이런 불편한 정서가 지나치게 생겨나지 않도록 자기 내면의 정서와 화해할 것을 제안한다. "자연을 이기는 법은 일단 자연에 순응하는 것이듯 마음의 고통도 마찬가지다.(p. 262.)" 그러기 위해 먼저 자신의 감정을 억누르기보다 자기 자신과 화해하고 잘 지낼 것을 제안한다. 이런 것을 직설적으로 말하자면 "까칠하게 살기로 결심하자.(p. 8.)"로 표현하였다. "건강한 까칠함"은 남들의 평가에 민감하고 언제나 타인의 시선으로 자기를 엄격하게 보고 평가절하하기보다, 자신감을 갖고 당당히 자기의 욕구를 자신에게 허용해 주는 것에서 시작될 것이다.

조르바가 자유의 열망을 가졌다면 우리는 행복의 열망을 갖는다. 행복하기 위해 우리를 지지하고, 인정하고, 편들어 줄 사람이 필요하다. 도시인에게 행복은 산 속에서 고독하게 살면서 얻는 것이 아니다. 우리는 무리 속에서, 사회 안에서 행복을 얻을 수 있는 도시인이다. 우리는 행복을 위해 누군가를 필요로 한다. 우리가 스스로를 착취하면서 열망하는 것은 바로 행복이다. 우리가 갈망하는 행복은 우리의 진심을 감추고 타인의 시선으로 엄격하게 우리를 보는 것이 아닌 자기의 욕구를 알고 그리고 그 욕구의 이면에 있는 자아와 화해하고 잘 지내는 것이다.

자기 욕구에 충실하고 자기 내면의 야만이 내는 소리에 귀를 기울일 줄 아는 자유인인 21세기 조르바는 어떤 모습일까? 조르바가 제시하는 자유는 마음대로, 닥치는 대로 행동하는 것이 아닌 우리 내면의 욕구를 존중하고 화해할 수 있는 길을 찾는 것을 의미한다. 그러한 노력 속에서 우리의 의지와는 상관없이 독자적인 생명력을 가진 정서는 편안함과 안정감을 형성하게 되고 이것은 우리에게 행복감으로 다가온다. 우리가 열망하는 행복감은 우리의 의지로 만들수 있는 것이 아니다. 자연스럽게 우리 내면에서 올라오는 감정이기 때문이다.

내면이 내는 야만의 소리를 따르는 조르바는 위대한 인간이다. 그래서 그는 미친놈이다. 그러나 과연?

12
내 안의 욕망을 직시할 용기

Text Book

『모모』 미하엘 엔데

『그 섬에 내가 있었네』 김영갑

Healing Book

『욕망의 심리학』 카트린 방세

직업을 얻기 위해 별 노력을 하지 않고 있으며 학교나 사회생활에 잘 적응하지 못해서 상담실을 찾아오는 젊은이들은 별 욕망이 없다는 특징을 갖고 있다. 그들에겐 큰 욕심이 없다. 그런데 이게 문제다. 하루하루 살아가면서 크게 원하는 것도 없다. 기껏해야 조금 더 자주 PC방에 갈 수 있는 용돈이나 한가한 자유로운 시간을 원했다. 부모는 그들을 어떻게 해서든 대학을 졸업시키고 취업시키길 원하나 그들이 정작 별로 원하지 않았다. 시간을 낭비하거나 게을러 보이는 그들이 가진 병명은 '지나친 욕망의 결핍'이라고 할 수 있었다.

반면에 치열한 경쟁이 존재하는 현대사회에서 다른 사람보다 앞서 나가는 사람이 있다. 그들은 더 열심히 공부했고, 좋은 스펙으로 무장하였으며, 좋은 일자리를 차지하였고 성실히 일해서 결국 안정된 사회적 기반을 마련하였다. 더 욕망이 컸기에 스스로 절제하면서 공부했을 것이며 한눈 안 팔고 앞을 향해 부지런히 달려올 수 있었다. 그들의 성실함은 사실 지나치게 많은 욕망에서 비롯되었다고 말할 수 있다. 더 큰 욕망을 위해 작은 욕망을 눌렀던 것이다.

현대를 살아가는 우리 대부분은 '잘 먹고 잘 살려고' 한다. 그리고 이것은 오늘날 우리 사회를 유지하는 거대한 보이지 않는 힘이다. 소비는 현대사회의 미덕이고, 욕망을 통해 움직인다. 욕망이 없으면 소비자 자본주의 시스템은 돌아갈 수 없다. 예를 들어, 스마트폰이 있다고 가정해 보자. 소비자가 이 제품을 사고 싶은 욕망이 생겨 구매를 하면 스마트폰 회사는 판매한 수익으로 새 스마트폰을 만들거나 연관된 제반 산업에 투자를 한다. 그러면 그 안에서 일하고 있는 노동자(소비자)에게 스마트폰을 판매한 수익(임금)이 지급된다. 임금을 받은 소비자는 욕망에 의해 다른 제품을 구매를 한다. 이런 흐름에 의해서 경제가 돌아간다. cf뿐만 아니라 경제, 사회, 문화의 전 영역을 통해 욕망이 무수히 의식적·무의식적으로 자극되고 조장된다.

2002년 유학을 마치고 귀국했을 때에 비하면 지금 나는 비교도 안 될 만큼 수입에서 커다란 격차를 보인다. 당시 나는 한 은행에 가서 마이너스 통장 개설을 요청했으나 거절당했다. 그 당시 은행원이 보인 고압적 자세에 커다란 모욕을 느끼고 지금도 그 은행과는 거래를 하지 않고 있다. 대신에 그 때 나의 요청을 거절하지 않고 마이너스 통장을 기꺼이 개설해 준 은행과는 지금도 주거래 은행을 유지하고 있다. 당시 마트에 가서 물건을 살 때 어느새 카드 한도액이 넘어 물건을 사지 못할 때가 자주 있었다. 그래서 언제나 계산대 앞에서 망신 당하지 않기 위해 카드 한도 액을 확인하고 있어야 했다. 이제 카드를 사용할 때 과거처럼 긴장할 필요가 없게 되었지만 여전히 돈은 나에게 풍족함을 주지 못한다. 그만큼 생활 규모가 늘어나서 여전히 돈에 여유가 없기 때문이다. 과거보다 더 많은 것을 욕망하고 있는 나를 보게 된다. 당시 나는 주말농장을 분양받아서 주말마다 농사를 지으며 토마토, 고추, 고구마 등을 심었다. 땅을 직접 만지는 기쁨을 우리 가족은 누렸다. 농장에 가지 않는 날에는 가족과 함께 야외로 나가 즐거운 시간을 보냈다. 하지만 요즘 나에게 주말농장은 먼 과거다. 주말마다 강의, 모임, 회의가 잡히고 가족과 주말에 놀러간다는 것은 오래전 미리 계획을 해야 가능하게 되었다. 이제 더 이상 마트 계산대에서 긴장하지 않아도 되지만 과연 '나는 행복한가?'라고 묻게 된다.

인간 정신의 작동 원리를 설명한 프로이트는 인간이 근본적으로 고통과 불쾌감을 피하려 하고, 쾌락을 맛보려고 애를 쓰는 존재라고 말한다. 그는 인간의 욕망을 물질적인 것에서 성적인 것으로 전환시켜 인간의 이기적이고 추한 물질적 욕망의 근원이 사실 성적인 것이라고 주장한다. 프로이트에 의하면 인간에게 가장 만족스러운 상태, 즉 행복의 근원은 바로 '성관계'다. 인간에게 성적인 만족 욕망은 너무나 강렬하고 치명적인 유혹이며, 인간은 성적 욕구를 해소하기 위해 애를 쓰며 살아가는 존재다. 다시 말해 모든 인간은 억제할 수 없는 성적 욕구를 해소할 궁리만을 하고 살아가야 할 운명이라는 것이다. 우리가 좋은 교육을 받고, 스펙을 쌓고, 좋은 직장에 입사하고, 안정된 사회적 기반을 획득하는 일련의 모든 과정에는 성적인 욕구가 바탕에 깔려 있는 것이다. 성적 욕구의 지나친 강조는 후에 프로이트의 많은 제자에 의해 수정 보완되어 성적 욕구에 사회적·문화적 맥락이 첨가되지만 성적 욕망의 중요성은 정신분석에서 여전히 중요한 주제가 되고 있다.

우리 시대의 욕망 메커니즘은 양날의 검이다. 우리 사회를 진보하게 하고 경제를 잘 작동하게 하지만 그에 대한 대가를 지불해야 한다. '성관계'의 쾌락은 한 번으로 충분히 만족하기 어렵다. 더욱더 많은 쾌락을 얻고 싶어 하듯이 우리의 욕망은 마치 브레이크가 고장 난 기차처럼 정신없이 앞만 보고 레일을 달려갈 수 있다.

사진작가 김영갑의 『그 섬에 내가 있었네』에는 그가 마라도에서 겪었던 일화가 수록되어 있다. 그가 처음으로 마라도에 간 것은 1980년대 초였다. 그는 사람이 살기 시작한 지 백 년밖에 안 된 섬 마라도에 첫눈에 반했다. 당시 마라도는 정기 여객선도, 유람선도 다니지 않았고 그 흔한 민박도 없던 오지에 속해서 모든 게 불편하고 답답한 섬이었다. 외롭고 부족함이 많았지만 이웃 간에 정이 있었고 기대어 살아가는 행복한 삶이 있는 그런 곳이었다. 그러나 정기 여객선이 다니면서부터 민박집과 교회, 절이 세워지고 태양력 발전소와 쓰레기 소각장 시설이 들어오면서 최첨단 시설이 하나둘 생기기 시작했다. 볼썽사나운 건물들이 들어서고 관광객은 무수히 몰려왔다 빠져나간다. 관광객은 힘들여 왔기에 최대한 즐기려고 하고 도시에서 가져온 모든 스트레스를 전부 섬에 내려놓고 떠나갔다. 마라도는 더 이상 외롭고 불편한 섬이 아니었다. 평화로운 작은 마을에 몇 십 명이 옹기종기 살던 그런 마을이 아니었다. 평화롭던 섬 마을은 이제 싸움이 일어나고 법을 운운하는 이웃 사이가 되어 갔다. 이제 그는 마라도가 싫어졌다.

이제 더 이상 그때처럼 궁핍하지 않고 답답하게 살아야 할 필요도 없다. 그러나 섬은 삶의 전체가 아닌, 먹고 살기 위해 어쩔 수 없이 살아가야 하는 곳이 되었고, 어떻게든 기회를 한몫 잡아 육지로 나가서 집을 사고 승용차를 굴리기 위한 욕망의 도구가 되었다.

미하엘 엔데Michael Ende의 『모모』에는 한 도시에 오래되고 크지 않은 원형극장에 어디서 왔는지 모르는 '모모'라는 작은 여자아이가 나타나 살기 시작한다. 이웃의 도움으로 살아가는 모모지만 마음을 편하게 해 주는 능력으로 어느새 마을에서 없어서는 안 될 꼭 필요한 존재가 된다. 작은 여자아이인 모모가 가진 다른 사람의 말에 귀를 기울여 주는 능력은 아무도 따라올 수 없었다. 모모의 이런 능력은 결정을 내리지 못해 고민하는 사람에게 스스로 답을 찾게 하고, 우울하고 불행하다고 느끼는 사람의 마음을 밝게 비추며 희망을 갖게 하였다. 모모는 사람들의 말을 들어주기 위해 시간이 필요했다.

모모의 유일한 재산, 그것은 바로 시간이었다.

가난하지만 따뜻한 마음으로 행복하게 살던 사람들에게 어느 날 '회색 신사들'이 나타나 사람들의 시간을 빼앗으려고 한다. 회색 신사들은 사람들마다 각자 잠재되어 있던 욕망을 들추어내며 시간 저축 은행에 시간을 저축하면 이자가 이자를 낳아 자기의 인생을 바꿀 수 있는 시간을 가질 수 있다고 유혹한다. "시간을 아끼면 곱절의 시간을 벌 수 있다! 시간을 아끼면 미래가 보인다!(p. 94.)"

어느 날 이발사 푸지 씨는 이발소 안에서 손님의 머리나 다듬어주고 잡담이나 하면서 시간을 보내는 자신이 한심하다는 생각이 들었다. "대체 이제까지 살면서 이룬 게 뭐지?" 자신이 제대로 된 인생을 살지 못하고 실패한 인생일 수 있다는 마음에 우울해졌다.

이때 푸지 씨에게 '회색 신사들'이 다가온다. 고급 승용차에서 잘 차려 입은 '회색 신사'가 내려 그에게 다가왔다. 이발소로 인생을 허비하지 말고 '제대로 된 인생'을 살 수 있는 기회를 잡아보라고 그의 욕망에 불을 지른다. 우리의 욕망이 있는 부분은 폭발성이 강해 이곳을 건드리면 주체할 수 없이 큰불로 번지는 결과를 만들어 낼 수 있다.

푸지 씨는 그 말을 믿고 '시간 저축연맹의 일원'이 되기로 마음을 먹는다. 회색 신사는 이제 그가 '현대적이고 진보적인 분'이 된 것이라고 추켜세운다. 그날 이후 푸지 씨의 일상은 달라졌다. 손님이 찾아왔을 때 예전처럼 잡담을 나누며 한가하게 머리를 손질하지 않았고 불필요한 시중을 생략했다. 일상 속에서 누리던 소소한 기쁨을 잃어버렸지만 허비하는 시간을 줄일 수 있었다. 이제 푸지 씨를 비롯해 마을 사람, 도시 사람은 오직 편집증처럼 미친 듯이 시간을 절약하기 위해 열을 올렸다. 그러나 점점 사람들의 얼굴에는 피곤함과 불만이 잔뜩 쌓여 갔다. 더 큰 욕망을 위해 현재의 시간을 아끼려는 그러한 노력은 일상 속에서 누리던 여유와 기쁨을 앗아갔다. "아무도 자신의 삶이 점점 빈곤해지고, 획일화되고, 차가워지고 있다는 것을 알아차리지 못했다.(p. 98.)"

사람들은 시간을 아끼기 위해 그동안의 여유와 즐거움, 휴식을 위한 시간도 줄여 나갔고 축제도 사라졌다. 도시는 변해 갔다. 이제 단 한 순간, 1초의 순간도 모든 것이 정확하게 계산되고 계획되었다.

'회색 신사들'은 이제 모모에게 다가온다. 사실 모모는 만만한 상대가 아니다. 그에게는 다른 사람처럼 쉽게 찾아볼 수 있는 욕망이 없었기 때문이다.

남자가 모모에게 말한다.

> 인생에서 중요한 건 딱 한 가지야. 뭔가를 이루고, 뭔가 중요한 인물이 되고, 뭔가를 손에 쥐는 거지. 남보다 더 많은 걸 이룬 사람, 더 중요한 인물이 된 사람, 더 많은 걸 가진 사람한테 다른 모든 것은 저절로 주어지는 거야. 이를테면 우정, 사랑, 명예 따위가 다 그렇지. 자, 넌 친구들을 사랑한다고 했지? 우리 한 번 냉정하게 검토해 보자.
>
> 「모모」 p. 130.

'회색 신사들'은 이기적으로 자신의 자아실현 욕구를 성취하려는 인간을 상징한다. 그러나 인간의 욕망은 부정적이고 제거되고 억압되어야 할 것만은 아니다. 적절한 균형을 유지할 수만 있다면 안전하게 긍정적인 방식으로 활용할 수 있다. 이발사 푸지 씨가 자신의 인생에 대해 회의를 느끼고 다른 인생을 살고 싶어 하는 욕망은 자연스러운 것이다. 오히려 건강한 한 인간임을 드러낸다고 할 수 있다. 문제는 내면에서 올라온 욕망을 어떻게 할 것인가다. 여기서 필요한 것이 욕망의 조절이다. 욕망을 조절할 수 있게 되면 우리는 자기가 원하는 대로 변화할 수 있으며 인격과 삶의 모습이 성장하게 된다. 건강한 개인, 건강한 사회를 이루기 위해 욕망의 결핍과 욕망의 과잉은 균형을 통해 조절되어야 한다.

　'인간은 욕망이다.'라는 파스칼의 말처럼 욕망은 바로 우리가 살아 있다는 증거다. 충족된 욕망은 사람을 행복하게 해 주며 삶과 항상 조화를 이루고 있다는 기분을 느끼게 한다. 프로이트 역시 인간이 가장 행복해할 때는 어린 시절부터 꿈꾸었던 욕망을 실현할 때라고 말했다.

　카트린 방세Catherine Bensaid는 『욕망의 심리학』에서 욕망을 제대로 실현하지 못한 것에서 문제가 생긴다고 지적한다. 욕망의 결핍과 과잉이라는 문제는 무력했고 자기의 감정을 억눌러 왔던 사람들과 최소화된 욕망에만 의존했던 사람들에게서 나타난다. 그는 인간의 많은 신체적 병과 우울증과 같은 마음의 병의 근원이 욕망을 실현하지 못한 것에 있다고 보고, 자신의 욕망을 인정하고 그로부터 자유롭고 균형 잡힌 사고를 추구할 것을 제안한다.

카트린 방세는 병이 치료되는 과정에 환자의 억압된 욕망이 어떤 관련이 있는지 한 사례를 설명한다. 뇌종양에 걸린 존이라는 환자는 음악가를 꿈꿨지만 가족의 반대로 감히 재능을 펼치지 못하였다. 그는 자신이 수술도 할 수 없는 시한부 인생이라는 것을 알고 오히려 얼마 남지 않은 인생 동안 자기의 꿈을 실현하기로 마음을 먹는다. 심리상담을 진행하면서 그동안 억압되고 숨겨져 있던 자기 안의 욕망을 인식하게 되었다. 그는 음악 공부를 본격적으로 하면서 자기의 꿈을 향해 달려갔다. 몇 년이 흘렀지만 그는 건강을 유지하였으며 현재 그는 어느 교향악단에서 전문 연주자로 일하고 있다. 존에게 암은 그의 억압된 꿈을 이룰 수 있게 하는 기회를 제공. 하였고, 꿈을 이룬 그는 살아남아야 할 이유를 얻었다

욕망이 결핍되어 자기가 원하는 것이 무엇인지 알지 못하고, 표현하지도 못한 채 위축되고 소외되어 세상을 살아가는 사람이 있다. 그런가 하면 자기가 원하는 욕망을 더 많이 채우고, 요구해서 자신뿐 아니라 타인까지도 지치게 만드는 사람도 있다. 이들에게 필요한 것은 모두 동일한 처방이다.

바로 지금, 현재 어떠한 욕망을 갖고 있고, 그것이 현재의 나에게 얼마나 만족을 주는지, 불편한지 인식하게 만드는 것이다. 결핍되거나 과장되거나, 과잉이라는 것을 본인이 알게 되면 이제 자신의 욕망을 자신감 있게 표현하게 되고, 더 이상 욕망을 채우려고 부정적으로 애쓰지 않게 된다. 있는 그대로의 자신을 수용하게 된다. 욕망의 결핍과 욕망의 과잉을 조절하는 것은 바로 있는 그대로의 자신을 받아들이고 자기를 가치 있는 존재로 여기게 되는 것에서 시작된다.

13

실패를
무던히 받아들일 용기

Text Book

「공중그네」 오쿠다 히데오

Healing Book

「따귀 맞은 영혼」 배르벨 바르데츠키

우리의 자아는 유아독존인 존재처럼 혼자 만드는 것이 아니고 타인과의 관계를 통해 만들어 진다. 관계를 맺는 타인의 숫자는 중요하지 않다. 단 한 명의 따뜻한 시선으로도 우리의 자아를 보호하고 인생을 당당하게 살아갈 만한 충분한 자존감을 형성할 수 있다. 간혹 그 한 명을 갖는 것초자 어려울 때가 있다. 하지만 자존감을 형성하도록 도와주는 것이 반드시 사람에게만 한정된 것은 아니다. 책을 통해서도 우리 마음의 상처를 치유해 주고 자신감을 북돋아 주는 자존감을 가질 수 있다. 여기에선 『공중그네』의 닥터 이라부를 통해 좌절하지 않는 사존감에 대해 설명하고자 한다.

작년, 원고를 출판사에 넘기고 오랜만에 휴식을 취하고 있을 때 함께 작업한 부키 출판사 이윤희 차장이 머리를 식히라고 보내 준 책이 오쿠다 히데오의 『공중그네』, 『면장선거』, 『인 더 풀』이었다. 별 생각하지 않고 집어든 『공중그네』는 엄청난 흡입력을 갖고 있는 책으로, 단번에 읽게 되었다. 읽으면서 자꾸 실실거리고 웃어서 아내가 무슨 일이냐고 걱정스럽게 묻기까지 하였다. 오쿠다 히데오가 만들어 낸 닥터 이라부라는 캐릭터는 저절로 웃게 만드는 힘이 있다.

이라부는 병원의 상속자다. 그는 명품 에르메스 양복을 입고, 샤넬 선글라스를 쓰고 고급 포르쉐를 타고 다니지만 이 모든 것이 부조화를 이룬다. 이라부의 진찰실은 유서 깊은 병원인 이라부 종합병원의 어두컴컴한 지하에 위치해 있어서 방문객들에게 구치소를 떠올리게 하였다. 이라부가 일하는 장소 자체가 역설과 부조화를 상징한다. 환자가 노크를 하면 괴상한 목소리로 '들어와요'라고 한다. 언제나 가뭄에 콩 나듯이 환자가 오기 때문에 오버하는지도 모른다. 문을 열고 들어온 환자가 마주치게 되는 이라부는 문신만 없지 건전해 보이지 않는 풍채를 가진 뚱뚱한 중년으로, 살갗은 흰 바다표범 같은 용모를 가진 남자다. 의사와 전혀 상관없는 외모와 분위기를 풍기는 이라부는 좀 이상한, 종잡을 수 없는 뻔뻔한 캐릭터다. 보통 상대방이 야쿠자라는 것을 알면 환자라고 해도 긴장해서 방어자세를 취하게 마련이지만 그에게는 아무런 긴장이나 불안이 엿보이지 않는다. 그는 야쿠자이든, 대기업 사장이든 유명 스타이든지 누구에게나 기죽지 않고 당당하다. 치료를 위해 방문한 중간 보스 야쿠자는 전혀 두려워하지 않는 이라부를 보며 어떻게 대처해야 할지 혼란스러워 한다. 급기야 "이 병원, 혹시 뒤를 봐 주는 데라도 있습니까?(p. 20.)"라고 묻기까지 한다. 이라부는 타인의 관심과 지지에 영향을 받는 자아를 가진 인물이 아니다. 그의 자아에 영향을 미치는 것은 오직 본인 스스로인 것이다.

소설은 닥터 이라부를 찾아온 다양한 환자와 관련된 에피소드를 다루고 있다. 먼저, 항상 상대를 위협해야 하는 야쿠자가 나온다. 그는 칼과 같이 날카로운 물건을 보면 공포에 사로잡히게 되는 선단공포증에 걸렸다. 이것은 야쿠자인 그에게 가장 치명적일 수 있는 병일 것이다. 늘 뾰족하게 살아왔지만 마음 한구석에는 보이지 않게 그의 성품과 적성에는 맞지 않았다. 이러한 내적 갈등은 날카로운 물건을 보면 참을 수 없는 두려움으로 발전하였다. 야쿠자는 이라부가 자유롭게 자기 욕망과 감정을 분출하는 것을 경험하면서 자기 내면에 숨겨진 자신의 진짜 감정을 만나게 된다. 그리고 강한 척하지만 본심은 예민하고 소심하였다는 사실을 인정하고 받아들이게 되면서 회복되기 시작한다.

두 번째로 공중그네를 하는 베테랑 서커스 단원이 나온다. 그의 문제는 어느 순간부터 공중그네를 실패하는 것이었다. 주변의 권유로 이라부에게 진료를 받게 되었지만 베테랑 서커스 단원은 문제의 원인이 자신이 아니라 자신을 받아줘야 하는 캐처라고 생각한다. 서커스단이 현대화되면서 전통적이고 폐쇄적인 분위기가 사라지고 토박이 단원들이 떠나기 시작했다. 그 빈자리에 주로 스턴트맨 출신의 신입 단원들이 자리를 치지하게 되었는데 베테랑 단원은 신입 단원들에 의해 자신의 영역이 침범당하고 있다고 느꼈다. 그리고 그런 신입 단원들의 대표주자 격이 바로 캐처였다. 하지만 이라부의 진료가 시작되면서 베테랑 단원은 캐처가 고의로 자신이 실수하게 한 것이 아니라 자신이 캐처를 믿지 않았기 때문에 공중그네에서 실패했음을 알게 된다. 어렸을 때부터 서커스단에 있던 그는 직업 특성상 2개월에 한 번씩 전학을 가야 했다. 그래서 새로운 친구와 이별해야 한다는 슬픔을 느끼지 않기 위해 벽을 쌓고 누구에게도 마음의 문을 열지 못하는 사람이 되어 버렸다. 그가 새로운 신입 단원들을 경계하고 믿지 못했던 것은 또다시 친구를 잃어버릴지도 모른다는 두려움에서 비롯된 것이었다. 새로운 친구를 잃게 될지 모른다는 두려움을 인정하게 되면서 자기 내면에 숨겨져 있던 두려움을 볼 수 있게 되었고 마음의 문이 열리게 되었다. 캐처에게 마음을 열게 되자 베테랑 단원은 오랜만에 멋지게 공중그네를 성공하게 된다.

『공중그네』에 등장하는 환자들은 마치 틀에 잘 맞는 톱니바퀴처럼 잘 굴러가던 부품들이 더는 이전처럼 작동하지 못하게 된 사람들이다. 잘 기능하기 위해 실수하지 않고 최선을 다했지만 이젠 도저히 과거처럼 잘 해낼 수 없게 되었다. 더 이상 작동하지 않는 톱니바퀴는 교체되어야 할 운명인 것처럼 삶의 최고 위기에 내몰리게 된다. 이런 환자들은 각자 익숙하게 잘 지내 왔던 자신의 세계 속에서 어느 날 자신감을 잃어버렸다는 특징이 있다.

나에게 상담을 왔던 한 여성도 회사에서 동료 여직원들이 서로 삼삼오오 모여 웃고 떠들 때마다 극심한 스트레스를 받았다. 그들이 웃는 것이 그녀와 아무 상관이 없는데도 자신이 무시당하고 놀림의 대상이 된다고 느꼈다. '언제나 모든 일을 나와 연관시켜 생각하게 돼요.'라고 말하면서 상사가 조금이라도 불친절하게 말하거나 쳐다보면 자신이 무언가 실수를 했구나 하는 생각이 들어 불안에 떨곤 한다고 말하였다.

배르벨 바르데츠키가 쓴 『따귀 맞은 영혼』에는 이런 여성의 경우와 같이 자신감을 잃어버린 사람을 '마음이 상한 사람'이라고 설명한다. 마음 상함이란 스스로 자신의 가치가 깎인 듯한 느낌을 갖게되는 것으로 비난받거나 배척당하거나 무시와 따돌림을 당했을 때발생한다. 따라서 '마음이 상한 사람은' 자신이 느끼기에 상대방이자신을 존중하지도, 수용하지도, 이해하지도 않는다고 느끼게 되면무시받았다는 자기 비하의 경험으로 연결 전이되어 자존감에 직접적으로 상처를 입게 된다. 배르벨 바르데츠키는 마음 상함이 단순히 무시당하는 부정적인 경험이 원인이기보다 자존감의 문제라고말한다. 마음 상함은 자존감을 손상시키는 결과를 가져오고 그 결과 자기 폄하에 빠지게 되어 더욱 자존감이 약화된다. 스스로 부족하다고 느끼며, 살면서 모든 안 좋은 상황을 무조건 자기 때문에 벌어진 일로 받아들여 늘 고통받는 상황에 다다를 수 있다. 평소에 예민하고 까칠한 사람이라는 평을 받는 사람은 자존감에 쉽게 상처를입는 사람일 가능성이 크다. 왜냐하면 남들보다 사소한 일에 자존감이 빈번하게 흔들려서 자신이 무가치하다는 느낌을 받는 것일 수있기 때문이다. 따라서 이를 방어하기 위해 자신의 자존감을 흔들만한 일에 신경질적으로 반응하는 것이다.

배르벨 바르데츠키는 우리가 일상에서 마음을 상하게 하는 경우는 자주 발생하며 이는 우리 삶의 일부분이라고 말한다. 우리는 끊임 없이 그리고 자기 의지와는 상관없이 마음이 상하는 일을 당한다. 비난, 배척, 거절, 실패, 따돌림 같이 마음을 상하게 하는 일은 매일매일 일어난다. 따라서 마음 상함의 고통은 다른 사람 때문에 발생하는 것이라기보다 스스로의 자존감이 약하기 때문에 더 아프게 느껴지는 것이다. 우리는 마음 상함을 당하는 것을 피할 수는 없지만 대처하는 방법을 통해 상처를 덜 받거나 흘려보낼 수 있다.

마음이 상하여 자존감의 상처를 입고 자신감마저 잃어버린 환자들은 이라부가 만든 엉뚱하고 돌발적인 치료의 공간으로 들어온다. 처음에는 당황스러워하지만 이라부의 지나친 자신감이 만들어 내는 치료 과정에서 자신감을 잃어버린 환자들은 점차 치료 효과를 얻게 된다. 닥터 이라부의 자유로운 자신감은 사람들의 내면에 감춰져 있는 환상, 열망, 두려움을 투사하는 스크린이 되어 준다. 이라부는 아무것에도 얽매이지 않는 자유로운 태도로 사람들의 무의식에 자리 잡은 감정을 표현할 수 있도록 분출구 역할을 제공한다. 환자들은 그의 엉뚱함에 처음에는 당황하지만 점차 그가 제시하는 '자유롭게' 욕망을 표출하는 모습을 보면서 그동안 내면에서 억압하고 숨기기만 했던 자신의 욕망과 감정을 만나게 된다. 환자들은 모두 억제하고 있던 감정들을 발산하고 싶어 했다. 그러나 발산하고 싶은 욕구가 커지면서 그만큼 더욱 내면을 억압해야 했다. 이것은 내적인 긴장을 불러왔고 긴장을 완화시키기 위한 타협책으로 각기 증상을 갖게 된 것이다. 증상을 갖게 되었다는 것은 더 이상 내면의 욕구를 성공적으로 억제할 수 없게 되었다는 것을 의미한다.

이라부는 환자들의 삶에 숨통을 열어 주는 역할을 하면서 억눌러 온 욕구를 표출하도록 일깨워 주었다. 이것을 통해 자신의 내면을 긍정하고 스스로 표현할 수 있는 자신감을 얻게 만들었다. 자신에 대한 자신감을 얻게 되면서 환자들은 자존감을 회복하고 타인의 시선이 아닌 스스로의 평가가 중요해지는 사람이 되었다.

좀 더 느긋한 마음으로 당당하게 자신감을 갖고 삶의 문제들을 유연하게 풀어가기 위해 배르벨 바르데츠키는 마음 상함을 회복하는 출발이 '접촉'이라고 말한다. 먼저 자기 자신과의 접촉으로 실제 자기 모습을 인지하고 열등감과 우월감 같은 '가짜-나'의 상태에서 벗어날 것을 주문한다. 대부분 사람은 열등감에 시달리고 자신감을 잃어버린 채 살아간다. 지나치게 의기소침해지거나 애써 사람들 앞에서 자신이 강한 것처럼 행동하는 것을 통해 자신감의 상실을 드러낸다. 오랫동안 열등감에 시달렸음에도 조금씩 자신감의 상실에 대처하는 법을 배우는 방법은 자신이 가진 나약함과 한계를 받아들이는 것이다. 그렇게 되면 다른 사람의 눈을 지나치게 의식하거나 허영이나 허세를 부리거나 강해 보이는 행동을 할 필요가 없어진다. 자신의 약점을 받아들이고 실수를 범하거나 잘못된 결정을 내렸던 자신을 너무 탓하지 않고 지난 일에 대한 후회에 빠지지 않기 위해 필요한 심리기제가 자기 용서다.

사람은 대부분 자신을 좋게, 유리한 관점에서 보려고 한다. 좋은 성과를 내면 다 자기 능력이라고 여기고, 일이 실패했을 때에는 다른 사람 탓을 하거나 환경에 원인을 돌린다. 이러한 모습은 운동선수에게서 자주 볼 수 있다. 경기에서 승리했을 때는 자기의 실력 때문에 이겼다고 의기양양해지지만 패하면 운이 없었거나 상대방이 너무 강했다고 설명한다. 이런 모습이 뻔뻔해 보일 수도 있지만 사실 실패에 대한 우울감과 패배감에 빠지지 않고 다음 경기에서 불안과 두려움 없이, 당당하게 게임을 하기 위한 방어기제인 셈이다. 비난, 거부, 상실, 실패, 좌절의 경험 앞에서 우울증에 빠지지 않는 비결은 뻔뻔함으로 포장된 자기 용서일 수 있다. 우리도 인생의 한 가운데에서 마음이 상하고 모든 자신감을 잃어버렸을 때 자기 자신에게 뻔뻔해지자.

두 번째로, 다른 사람과의 실제적인 접촉이다. 다른 사람과 계속 접촉함으로 우리는 자기 연민과 열등감이나 자기 비하로 숨어들지 않을 수 있다. 이런 것은 사람과 관계를 끊고 혼자 뒤로 물러나 있을 때에만 일어나는 현상이다. 우리는 마음이 상할수록 더욱 다른 사람과 접촉해야 한다.

이라부는 야쿠자 환자를 위해 직접 힘 있는 보디가드 역할을 수행하며 야쿠자가 되고 공중그네를 하는 베테랑 서커스단원 환자를 위해 직접 서커스장에 와서 공중그네 연습을 하고 멋지게 연기까지도 한다. 이라부는 환자의 일상에 동행하며 '접촉'의 기회를 제공했다. 실패와 절망은 저절로 자신감을 잃게 하고 사람의 시선을 피하게 만들어 아는 사람을 만나는 것도 싫어지고 길거리에서 잘 모르는 사람의 우연한 시선을 받는 것도 피하게 된다. 이럴 땐 다시 예전처럼 아무 일도 없다는 식으로 연기하거나 도망치는 것이 아닌, 가까운 최소한의 사람이나 집단과 연결되어 있어야 한다.

이들과의 접촉을 통해 호기심 어린 눈으로 다른 사람이 생각하고 보는 시각을 살펴보면서 내가 문제를 절망적으로 바라보고 느끼는 것이 세상의 전부가 아니라는 사실을 자각할 수 있다. 그러면 일의 실패와 문제가 꼬이는 것보다 더 치명적인 손상인 마음의 상함으로부터 우리 자신을 보호할 수 있게 된다.

14
상처 입은 타인을
껴안아 줄 용기

Text Book

『스티브 잡스』 월터 아이작슨

『할머니 의사 청진기를 놓다』 조병국

Healing Book

『가족의 두 얼굴』 최광현

『유령의 속삭임』 보리스 시륄닉

오늘날 한국을 비롯한 전 세계에서 불고 있는 인문학 열풍에는 스티브 잡스가 한자리를 차지하고 있다. 인문학과 과학기술을 결합시키는 21세기의 노력이 그와 무관하지 않게 이루어졌다. 그는 '인문학적 감각과 과학적 재능'의 교차점에 서 있던 인물로 기술과 창의성을 연결하는 혁신의 아이콘이었다.

월터 아이작슨Walter Isaacson은 스티브 잡스의 공식 전기 작가로 그가 쓴 『스티브 잡스』에서 뛰어난 창조성과 재능을 가졌던 잡스가 놀랍게도 왜곡된 인지의 함정을 갖고 있었다고 밝힌다. 월터 아이작슨은 그것을 '현실 왜곡장reality distortion field'이라고 불렀다. 자기가 받아들이고 싶지 않은 현실은 거부하고, 자기가 받아들인 생각은 자기뿐 아니라 주변 사람에게 세뇌를 시켰다. 그는 현실이 자기와 부합되지 않으면 냉정하게 거부하였다. 그래서 여자 친구가 딸을 낳았을 때 냉정하게 버렸고(후에 다시 데려오기는 했지만), 암 진단 역시 거부하였다. 자동차 번호판 달기를 거부하였고 장애인 전용 주차구역에 차를 대는 등 사소한 것에서 언제나 거부하고 받아들이려고 하지 않았다.

월터 아이작슨은 현실을 받아들이지 않으려는 잡스의 이런 습성은 그의 주변 사람의 증언을 통해 어린 시절 친부모에게 버림받은 상처에서 기인되었다고 말한다. 스티브 잡스는 버림받은 아이였다. 잡스의 양부모는 그에게 입양됐다는 사실을 알려 주었다. 그는 예닐곱 살 때 건너편 집에 살던 여자아이와 대화했던 장면을 평생 잊을 수 없었다. "그러니까 너네 진짜 부모님은 널 원하지 않았다는 얘기야?(p. 25.)" 잡스는 이 말을 듣는 순간 머리에 번개가 내리치는 듯한 통증을 느끼고 순간 울면서 집으로 뛰어 들어갔다. 버림받음은 평생 동안 그의 정체성의 일부가 되어 버렸다.

나는 『가족의 두 얼굴』에서 대인관계의 어려움, 배우자 선택의 혼란, 만성적인 부부 갈등, 가정 폭력, 중독, 아동 학대, 만성적인 가난 등 불행한 삶을 살아가는 사람에게는 공통점이 있다고 밝혔다. 그것은 바로 어린 시절의 상처에서 자유롭지 못하다는 점이다. 우리는 어린 시절의 가족 관계를 통해서 세상에 대한 밑그림을 그린다. 이 그림은 우리를 세상으로 인도하며, 수많은 인간관계와 만남 속에서 중요하게 작동할 기대치를 형성한다. 그래서 가족에게 사랑받지 못하고 무시당하고 버림받은 아이는 세상을 살기도 전에 세상도 마찬가지일 거라고 지레 짐작한다. 세상에 대한 낮은 기대치를 갖는 아이는 현실을 있는 그대로 보지 못하고 왜곡하기 쉽다. 현실을 부정적으로 볼수록 불행의 패턴을 반복할 가능성은 높아진다. 결국 불행은 아이 자신의 일부가 되어 어린 시절 버림받은 상처는 일생 동안 계속되게 된다.

월터 아이작슨은 스티브 잡스가 도저히 받아들일 수 없는 버림받음의 상처를 어떻게 변형시켰는지를 설명한다. '친부모'가 버렸다는 사실을 듣고 울면서 부모에게 달려갔다. 양부모는 매우 진지한 표정으로 "우리가 너를 특별히 선택한 거란다.(p. 25.)"라는 말을 해주었고 이것은 잡스의 인생에서 가장 중요한 신념의 원천이 되었다. 즉, 나는 선택받았다는 자신에 대한 특별의식이 만들어지게 된다. 잡스는 아인슈타인이나 간디와 같이 특별히 선택받은 사람이 존재하며 자신이 그와 같다고 믿었다. 잡스는 버림받음을 선택받음으로 전환시킨 것이다. 버림받음을 특별히 선택받음으로 전환시킨 스티브 잡스는 그가 진짜로 그렇다는 것을 증명해야 했다. 그래야지 버림받은 것이 되지 않기 때문이다. 그렇게 해서 그는 어린 시절의 상처를 자신의 바람대로 바꿀 수 있다는 것을 증명해야 했다.

월터 아이작슨은 특별히 선택받은 존재라는 것을 증명해야 했던 잡스에게 악마적인 본성이 있었고 이러한 본성은 주위 사람에게 깊은 상처를 주고 분노와 절망을 유발했다고 말한다. 그의 결벽증에 가까운 완벽주의적 성향이나 모든 것을 완벽하게 통제하려고 드는 그의 집착은 많은 사람을 힘들게 했다. "스스로를 통제하지 못하고 일부 사람들에게 거의 반사적으로 사악하게 굴었다.(p. 26.)" 그는 직원들을 '천재' 아니면 '멍청한 놈'이라고 평가했다. 그에게 '멍청한 놈'으로 분류된 직원이 대단히 고통스러웠을 것은 분명하다.

잡스는 수없이 명상을 하고 선 수행을 했지만 전혀 내적인 고요함과 평온을 얻지 못했다. "단단히 꼬이고 참을성이 없는 모습을 보였고" 이것은 그를 종종 '(속된 말을 쓰자면) 또라이'로 여겨지게 만들었다. 그의 주변 사람은 끊임없이 "왜 가끔씩 그렇게 못되게 구는지 (p. 878.)" 도저히 이해할 수 없었다. 잡스는 소위 '구타유발자'였던 셈이다. 월터 아이작슨은 비록 그의 추진력과 효율성이 가져온 놀라운 성과에 감탄하게 되지만 다른 사람을 전혀 배려하지 않고 잔인하게 다루는 방식은 전혀 그에게 도움이 되지 못했다고 말한다.

잡스는 생부가 자신을 버렸을 때 나이와 똑같은 나이인 23살 때 아이를 낳은 후 버린다. 딸과 함께 버림받은 크리스앤 브레넌은 잡스가 친부모에게 버림받은 일로 "깨진 유리로 가득하게" 되었고 "버림받은 사람이었기에 버릴 수 있었던 겁니다.(p. 26.)"라고 말하였다.

잡스는 감성적인 민감성이 떨어져 타인에게 상처를 주는 사람이 된 것이 아니었다. 그는 대단히 감성적인 사람이었다고 월터 아이작슨은 말한다. 그는 사람의 마음을 파악하는 데 비상한 능력을 가졌으며 상대방의 마음 상태를 직관적으로 알아챘다. "그는 사람들의 약점이 정확히 뭔지, 그들을 위축되고 움츠러들게 만드는 게 뭔지 알아내는 데 초인적인 능력을 갖고 있었어요." 이러한 능력이 있음에도 그가 계속 사람들에게 상처를 줬던 것은 타인의 감정을 공감하고 배려하는 것보다 자신의 통제욕구가 더 앞섰기 때문이다. 그는 직관적으로 파악한 상대의 심리를 공감하는 데 사용하지 않고 통제를 위해 사용했다.

다른 사람에게 쉽게 상처 주는 그의 태도는 주변 사람으로 하여금 "잡스에 대한 두려움과 (반대로) 그를 기쁘게 해 주고 싶은 열망(p. 204.)" 을 갖게 만들었다. 이렇게 해서 그는 주변 사람을 완벽히 제압하고 통제할 수 있게 되었다. 잡스의 포악한 행동은 통제하고픈 열망에서 비롯되었고 그가 인생 전체를 통해 얻고자 했던 통제의 집착은 그의 생애 초기에 벌어졌던 버림받음(자기가 도저히 통제할 수 없었던 것)에서 시작되었다.

'친부모'가 자기를 버렸다는 것을 받아들일 수 있는 아이가 있을까? 그 아이가 성인이 되고 부모가 되었다고 어떤 이유에서든지 어쩔 수 없었다는 현실을 받아들일 수 있을까? 받아들일 수 없기 때문에 그만큼 상처는 깊고 오래간다.

스티브 잡스처럼 버림받고, 그 상처를 극복해야 했던 또 한 사람으로 메릴린 먼로Marilyn Monroe가 있다. 여자아이를 사생아로 낳았다는 이유로 버림받은 메릴린 먼로의 엄마는 자신의 처지에 망연자실하였고 우울증에 빠져 그녀 역시 딸을 버리게 된다. 먼로는 고아원을 전전하고 여러 위탁가정에 맡겨졌었다. 자신이 버림받았다는 현실을 직면하는 것이 너무나 고통스러웠기에 먼로는 현실을 왜곡하게 된다. 자신의 엄마는 알코올중독과 우울증에 빠진 십대 미혼모가 아니라 고귀한 왕족의 후손이고 클라크 게이블과 금지된 열렬한 사랑에 빠져서 낳은 딸이 자신이라고 믿었다. 모두에게 버림받은 아이가 아닌 특별한 사랑에 의해 태어난 아이로 전환시킨 것이다. 보리스 시릴닉Boris Cyrulnik은 『유령의 속삭임』에서 그녀가 이런 말도 안 되는 환상이라도 가지고 있었기 때문에 진흙탕 같은 현실 속에서 살아남을 수 있었을 것이라고 말한다.

잡스가 버림받음을 극복하기 위해 통제에 집착했다면, 먼로는 사랑에 집착했다. 그녀만큼 대중에게 사랑받은 여배우가 있을까? 잡스가 상대의 심리를 꿰뚫어 볼 수 있는 능력을 가졌듯이 그녀는 사람들을 매혹시키고 자신을 사랑하도록 만드는 힘을 가졌다. 사람들의 애간장을 녹이는 놀라운 여배우가 되었지만 그녀는 남자들에게 성적으로 이용당하거나 금전적으로 농락당했다. 정작 불행했던 어린 시절의 상처를 극복하기 위한 사랑을 얻기는 너무나 어려웠다.

『가족의 두 얼굴』에서는 버림받음에 대한 불안으로 고통받는 한 여성이 등장한다. 자기도 모르게 집 열쇠가 바뀌거나 해킹과 도청으로 고통받고 있다고 여기는 등 일상의 모든 것으로부터 불안해하는 여성이 가진 심리의 실체는 '혹시 부모가 그러했듯이 남편도 자기를 떠나지 않을까?' 하는 두려움이었다. 버림받는 것에 대한 불안이 그녀를 둘러싼 일상 모든 것으로 확장되어 있었다. 과거에 사랑하는 사람에게 받은 상처는 언제나 현재진행형이었고 절박한 불안과 고통을 만들어 내었다. 사랑하는 사람이 언젠가 자신을 버릴 수 있다는 불안은 종종 현실화되기도 한다. 버림받음의 불안에 빠진 나머지 가까운 사람에게 너무 매달려 지쳐서 떠나게 만드는 경우, 버림받지 않으려고 상대방에게 지나치게 엄격하게 대하여 속마음과는 달리 상대방에게 차갑고 무관심하게 대하여 결국 혼자가 되는 경우 등이 있다. 아이러니컬하게도 버림받음의 불안에 고통받을수록 현실에서 더욱 버림받게 되는 일이 벌어진다. 세상에서 그 누구보다도 더 많은 사랑을 받았지만 정작 단 한 명에게도 진정한 사랑을 받지 못한다고 느꼈던 먼로의 고통이 어디서 오는지를 알게 해주는 대목이다.

버림받은 상처를 갖고 평생 동안 아파했던 사람은 비단 두 사람뿐만은 아니다. 비록 부모에게 버림받지 않았다고 하더라도 어떤 따뜻한 온기도 느끼지 못하고 성장했다면 마음속 깊은 곳에 자기가 혼자라는 깊은 외로움을 갖게 된다.

『가족의 두 얼굴』에 담은 상담 사례 중 "당신이 어렸을 때 상처받거나 좌절하면 누구에게 먼저 달려갔습니까?"라고 묻는 것이 있다. 이 질문에 내담자(상담을 받는 사람)가 가장 많이 한 대답이 "아무한테도 가지 못했어요."라는 것이었다. 이 대답이 안타까운 것은 상처를 받았을 때 누구에게도 갈 수 없었다는 건 단 한 번도 타인에게 상처를 치유 받은 경험이 없다는 뜻이기 때문이다. 이런 사람은 아파도 아프다고 말하지 못하고 지독한 외로움과 고독감만이 가슴을 채우게 된다.

『가족의 두 얼굴』은 버림받음의 상처에서 빠져나오기 위해 상처받은 자기의 감정을 돌보고 자신의 오랜 도피처이자 스스로를 고립시켰던 마음의 공간에서 나와야 한다고 말한다. 상처받은 어린 시절의 내면 아이가 현재 삶에 영향을 미치고 있다는 사실을 깨달아야 한다. 사람들 사이에서 언제나 내 안에 밀려오는 불안, 두려움, 분노, 속상함, 짜증, 무기력 등 부정적인 감정의 상당수가 상대방 때문이 아닌 내 자신의 상처 입은 내면 아이에서 비롯된 것임을 인식해야 한다. 어린 시절에는 상처받을 때 무기력하였고 아무것도 할 수 없었지만 지금은 더 이상 그렇지 않다는 현재 모습을 발견해야 한다. 과거에 상처받은 내면 아이를 치유하는 방법에는 두 가지가 있다. 하나는 의미다. 내가 겪은 아픔이 내 전체 인생에 치명적인 '독'만이 아닌 '약'도 되었다는 사실을 인식하고 고통의 의미를 발견하는 것이다. 다른 하나는 관계다. 따뜻한 친밀감을 형성할 수 있는 관계가 필요하다. 버림받음의 상처 속에서 슬프고 불안하고 외로움에 떨고 있을 때 누군가의 따뜻한 말 한마디와 손길은 수많은 고비와 풍파 속에서 언제나 재생 가능한 따뜻한 손난로와 같은 역할을 해 준다.

조병국 원장의 『할머니 의사 청진기를 놓다』는 50년간 홀트아동병원에서 6만 입양아의 주치의였을 때 경험을 쓴 책이다. 그녀는 어렸을 때 충분히 살릴 수 있음에도 의료 시설이 부족해 두 명의 동생을 먼저 떠나보냈다. 그때의 슬픔을 반복하지 않고자 전쟁으로 버려진 도움이 필요한 아이들을 돌보기로 결심한다. 각고의 노력을 하여 의사가 된 조병국 원장은 이후 버려진 아이들의 엄마이자 주치의가 되었다. 『할머니 의사 청진기를 놓다』에는 "죽음의 문턱에서 살아 돌아온 작은 천사 영희 이야기(p. 16.)"가 있다. 어린 생명을 치료하면서 불가항력을 느끼게 될 때 도저히 '기적'이라는 말 외에는 설명할 수 없는 일이 일어난다고 말한다. 1970년대 초 조 원장은 그녀가 만났던 아이들 중에서 가장 예뻤던 영희를 보고 "천사가 있다면 이런 얼굴을 하고 있을 거란 생각이 절로 들었다.(pp. 15~16.)"라고 한다. 병원 식구의 사랑과 관심 속에서 지내던 어느 날 "영희가 갑

자기 주룩주룩 설사를 하기 시작하더니 분유를 한 모금도 빨지 않았다. 당연히 심한 탈수 증세가 동반됐다. 치료를 하려면 약을 먹여야 할 텐데 물 한 모금만 먹어도 바로 구토를 하는 바람에 효과를 기대할 수가 없었다.(p. 17.)" 남은 방법은 정맥주사뿐이었지만 영희가 너무 어리다는 것이 문제였다.

영희에게 겨우 주사를 놓았지만 고정해 놓은 부위의 피부가 벗겨지고 진물이 흐르기 시작했다. 환부의 상처는 점점 넓어져 영희의 온몸으로 퍼져 나갔고 매일 드레싱을 하고 마사지를 해도 아무런 소용이 없었다. 영희는 여전히 구토와 설사가 멈추지 않았고 환부의 상처는 더욱 깊어져 갔다. 조병국 원장은 이럴 때 의사라는 직업에 회의를 느낀다고 말한다. 영희 병세가 갈수록 심해지는 상황에서 아무런 도움을 주지 못하는 자신을 보고 '내가 의사 맞나.' 하는 회의가 밀려왔다고 한다. 영희의 천사 같은 '미모'와 건강을 회복할 가능성은 사라지고 영희의 생명이 꺼져 가고 있다는 사실을 인정해야 했다. 하루는 간호사 기숙사 쪽에서 이상한 냄새가 나서 물으니 한 간호사가 "어릴 때 배앓이나 설사를 심하게 하면 할머니가 곶감을 달여서 먹여 주셨거든요. 그러면 귀신같이 설사가 멎던 게 생각나서 혹시 영희에게도 효험이 있지 않을까 해서요……(p. 20.)" 물 한 모금도 마시지 못하는 영희를 위해 간호사들이 민간요법에 기대면서까지 살리려고 하는 지극정성을 보고 허락은 했지만 효과가 있을 것을 기대하지는 않았다. 얼마 후 간호사가 "뺨은 상기되고 눈에는 눈물이 가득 맺힌(p. 21.)" 상태로 돌아오면서 영희가 곶감 달인 물을 다 마셨다고 말해 주었다.

지금도 나는 잘 이해하지 못하겠다. 물 한 모금 넘기지 못한 채 수액으로 연명하던 영희가 곶감 달인 물을 어떻게 받아 마셨는지 말이다. 영희는 구토도 하지 않고 곶감 달인 물을 제법 잘 받아 넘겼다. …… 설사와 구토도 점점 줄어들었다. 그렇게 며칠이 지나자 영희는 조금씩 기운을 되찾았다. 그뿐 아니라 상처 가장자리 부분부터 조금씩 새살이 돋아나고 딱지가 앉기 시작했다. 기적, 그것은 정말 기적이었다. 당시의 내 의학적 지식으로 영희의 회생은 거의 불가능에 가까운 일이었다.

『할머니 의사 청진기를 놓다』 p. 21.

"(조병국 원장은 묻는다) 영희의 기적은 과연 어디서 왔을까? 곶감을 달여 먹이던 간호사들의 예쁜 마음일까? 아니면 하루도 빼놓지 않고 연고를 바르고 드레싱을 해 주던 위탁모의 정성일까?(p. 24.)"

기적의 또 다른 이름은 간절함이다.
우리가 무언가를 간절히 원할 때
신은 그 기도에 화답한다.
그게 바로 기적이다.
의학적으로 설명이 안 되는
병든 고아들에게 일어난
수많은 기적은 바로 그렇게 만들어진 것이리라.

『할머니 의사 청진기를 놓다』 p. 26.

나는 이 글을 읽고 마음에 깊은 울림을 느꼈다. 조병국 원장의 글은 나를 울컥하게 만들었다. 그것은 고마움의 눈물이었다.

비록 영희는 부모에게 버림받았지만 모두에게 버림받은 것은 아니었다. 생명이 꺼져 가던 그녀를 끝까지 포기하지 않고 인턴, 위탁모, 간호사, 의사가 최선을 다했으며 그녀가 회복되어 가는 모습을 보고 그들이 얼마나 눈물로 기뻐했었는지를 알게 된다면 그녀의 인생 전체에서 가장 소중한 선물이 될 것이다. 그녀에게 그 선물은 버림받은 자신을 용서하고 자신을 사랑할 수 있게 하는 놀라운 기적을 가져다줄 것이기 때문이다.

상처는 우리가 세상을 바라보는 시야를 좁게 만든다. 특히 가장 소중한 사람에게 버림받은 상처는 자신이 버림받았다는 오직 그 시각으로만 세상을 보게 만든다. 그러다 보면 세상은 온통 잿빛 하늘처럼 어둡고 우울하다. 버림받은 영희가 결코 기억해 낼 수 없는 돌 이전에 일어난 일이지만, 그녀를 결코 끝까지 포기하지 않았던 사람이 있었다. 버림받은 아이가 잘 성장해서 사회의 한 일원이 되고, 아마도 사랑하는 사람을 만나 건강한 가정을 이루었을 모든 과정 속에 의식하든지 의식하지 못하든지 간에 누군가의 도움과 관심, 배려, 희생 그리고 '간절함'이 있었다는 사실을 떠올리자. 그러면 우리는 좀 더 다른 시각으로 세상을 바라보아야 할 이유를 찾게 될 것이다.

15
자기 착취를
단호하게 거절할 용기

Text Book

『피로사회』 한병철

『슬픔이 주는 기쁨』, 『일의 기쁨과 슬픔』 알랭 드 보통

Healing Book

『자기를 믿지 못하는 병』 롤프 메르클레

『인간의 모든 감정』 최현석

2012년 내가 최초로 쓴 대중 서적 『가족의 두 얼굴』을 출간하면서 함께 작업을 했던 편집자에게 이제 앞으로 계속해서 책을 써서 3년에 한 권씩 꾸준히 출판하겠다고 하였다. 그러자 그는 그것은 꾸준히 출판하는 것이 아니라 가끔 한 번씩 출판하는 것이며 적어도 1년에 한 권은 출판해야지 꾸준히 출판하는 것이 될 수 있다고 하였다. 놀라서 나는 '어떻게 1년에 한 권을 쓸 수 있나요?'라고 되물었다. 나의 대학 시절 열심히 책을 출판하시던 교수님을 떠올리며 그분의 예를 들자 이제 상황이 변해서 책의 순환 주기가 너무나 빨라져 독

자들도 그렇게 오랫동안 기다려 주지 않는 시대가 되었다는 답이 돌아왔다. 나는 그 후 놀랍게도 1년에 한 편 이상을 출판하는 교수가 되었다. 한 편을 새로 쓸 때마다 그만큼 내가 성장하고 있다는 것이 느껴져서 흐뭇하기도 하고 무언가 열심히 살고 있다는 만족감도 들었다. 그러나 원고에 대한 중압감을 느끼면서, 마치 내가 무대에 올라가 있다는 생각이 들었다. 힘들고 버겁기는 하지만 그렇다고 정작 무대를 내려가기는 싫은 어정쩡한 모양새를 유지하고 있다. 오늘날 한 번 무대로 올라온 이상 힘들다고 다시 내려갈 수 없는 처지에 놓인 많은 현대인을 본다. 무대까지 올라오는 데 정말 많은 시간과 노력, 공이 들었다. 거기다가 약간의 행운도 따라서 지금의 무대에 올라올 수 있었다. 성공하기 위해서가 아닌 정확하게 말해서 계속해서 무대에 설 수 있기 위해 끊임없이 모든 에너지를 쥐어짜서 오늘도 겨우 버티고 살아가야 한다.

한병철 교수는 『피로사회』에서 다음과 같이 현 시대를 설명했다. "시대마다 그 시대의 고유한 주요 질병이 있다.(p. 11.)" 21세기에 들어서 항생제의 개발로 우리는 면역학적 시대에서 벗어날 수 있게 되었지만 곧 변화한 시대에 따른 새로운 질병이 대두되었다. 그것은 우울증, 주의력결핍, 과잉행동장애, 경계선 성격장애, 소진 증후군 등과 같은 새로운 신경성 질환이 인류를 위협하는 질병으로 나타났다. 한병철 교수는 이러한 신경성 질환이 출현하게 된 것은 성과 사회가 불러온 자기 착취가 원인이라고 말한다. 성과는 언제나 경쟁이라는 무대를 배경으로, 한 번의 좋은 결과를 얻는 것으로 끝나는 것이 아니라 계속해서 더욱 큰 성과를 내야 한다. 치열한 경쟁의 사회구조 안에서 우리는 직장과 집이라는 공간적 경계선이 허물어진 시대를 살아가고 있다. 이제 집은 쉬는 공간이 아닌 또 다른 작업 공간이 되고, 계속해서 자신도 모르게 스스로를 착취하면서 점점 탈진되어 간다.

현대인에게 만연한 불안의 의미를 탐색하였던 에리히 프롬Erich Fromm은 현대인의 불안 문제를 프로이트 식으로 인간 내면만의 문제로 보지 않고, 사회구조적인 문제로까지 확장한다. 다시 말해 다른 프랑크푸르트 학파의 학자처럼 마르크스주의를 프로이트 관점에서 수정하여 현대사회를 비판했다. 프롬의 현대사회에 대한 진단 핵심은 인간을 억압하는 도구가 되어 버린 현대의 노동이 인간의 심리적 증상을 불러온다는 것이다. 현대에 만연해 있는 심리증상이 사회환경과 연결된다는 제안은 한병철 교수의 피로사회와 연결되는 지점이다.

한병철 교수는 현대인이 갖는 문제는 무엇이 자기를 힘들게 하는지 알지 못하기 때문이라고 말한다. 오늘날 우리를 억압하고 있는 실체를 파악하기가 쉽지 않다. 억압하고 착취하는 실체를 모르니 자유의 의미가 무의미해진다. 반대로 우리를 힘들게 하는 실체를 알면 상대할 수 있는 방법을 찾을 수 있을 것이다.

니코스 카잔차키스의 『그리스인 조르바』에는 "이름과 형태를 알게 되었으니 싸우기가 수월해진 셈이었다.(p. 14.)"라는 말이 있다.

정신없이 앞만 보고 달려가다가 점점 지쳐 가는 일상 속에서 자기를 돌아보고, 일이 우리에게 갖는 의미가 무엇인지, 앞으로 어떻게 일을 하면서 살아야 할지에 대해 생각하게 하는 두 권의 책이 있다. 알랭 드 보통의 『일의 기쁨과 슬픔』과 『슬픔이 주는 기쁨』이다.

알랭 드 보통의 『슬픔이 주는 기쁨』에는 현대의 특징으로 일과 행복의 결합을 언급한다. 일은 현대 이전에는 행복과는 무관한 것이었다.

벤저민 프랭클린, 디드로, 루소 등과 같은 부르주아 사상가들은 일이 단지 돈을 버는 수단이 아니라, 자기 자신이 되는 방법으로 보았다. 일은 이제 단지 노동을 의미하는 것이 아닌 행복의 수단으로 인식되기 시작했다.

『슬픔이 주는 기쁨』 p. 69.

능력주의 시대가 열리면서 사람들에게 직업은 자부심의 원천이자 곧 그 사람의 능력을 평가하는 수단이 되었다. 과거에 직업은 타고난 신분에 의해 정해졌지만 능력주의 시대에서는 능력의 여하에 따라 직업을 선택할 수 있기 때문이다. 능력만 뛰어나다면 과거 소수 계층이 독점했던 직업을 가질 수 있다. 하지만 반대로 능력이 없으면 직업을 갖기조차 힘들다. 이런 변화는 단순히 보기에 완벽하고 좋은 점만을 줄 것 같지만 그렇지 않다. 과거에는 타고난 신분을 한탄하기는 했지만 열등감과 비교의식에서 오는 자기 비하 감정에 빠지지는 않았기 때문이다.

능력주의 시대의 문제는 우리 모두가 스티브 잡스와 빌 게이츠

같은 빛나는 성공과 만족감을 맛보지 못한다는 데 있다. 우리가 아무리 노력한다고 하더라도 우리 인생에서 그들처럼 성공할 가능성은 극히 적다.

우리 시대는 누구나 열심히 노력하면 모든 사람이 부러워하는 성공을 성취할 수 있다는 믿음이 마치 종교적 신념처럼 유지되고 있다. 그리고 그렇게 성공한 사람의 성공 신화는 누구나 노력하면 도달할 수 있는 일반적인 규칙이 되어 버린다. 이제 성공과 거리가 먼 인생을 사는 사람은 다른 삶의 모습을 선택한 것이 아닌 무능하고 실패한 존재로 평가절하되고 비록 자신의 기준에서 값진 성공을 얻었다고 하더라도 성공 신화의 주인공과 도저히 좁힐 수 없는 거리감으로 끊임없는 열등감과 자괴감에 시달리게 된다.

알랭 드 보통은 성공 신화의 주인공처럼 우리가 성공할 가능성이 대단히 드물다는 현실을 다음의 예를 통해 설명한다. 자본주의 사회인 현대에서 가장 중요하게 여기는 것은 회사의 창업이다. 그러나 현실적으로 사업에 성공할 가능성은 400년 전에 프랑스에서 귀족이 될 가능성보다 경미하게 높을 뿐이라고 말한다. 오히려 엄격한 신분제를 유지하던 귀족시대는 신분 상승의 가능성이 누구에게나 분명했고 그것은 어떤 면에서 솔직했다. 오늘날처럼 누구나 열심히 노력하면 성공할 수 있다는 성공 신화의 가능성을 무분별하게 남용하지 않았으며, 성공을 이루지 못하고 평범한 삶을 사는 사람들을 잔인하게 실패한 인생으로 치부하지 않던 사회였다. 반면에 우리 사회는 어쩌다 드물게 대단한 성공을 이루어 낸 사람의 인생 이야기가 보편적인 규칙으로 자리 잡고 있다. 치열한 경쟁사회에서 성공을 이루어 낸 사람은 소수에 불과하지만 이런 소수의 성공 신화가 대부분 사람의 인생 이야기에 적용되어 그들의 삶을 제단하고 평가하는 도구가 되어 버렸다는 것이다. 알랭 드 보통은 현실에서 창업에 성공하는 예는 1퍼센트에 지나지 않으며 99퍼센트가 실망하고 "창업의 성취라는 절벽에서 몸을 던졌다가 밑에 떨어져 납작하게 짜부라질 운명이었다.(p. 315.)"라고 말한다.

일부 소수 사람과 달리, 대다수 사람은 자신의 능력으로 인생을 개척하고 선택할 수 있다는 확고한 믿음이 현실 앞에서 더 이상 유효하지 않다는 것을 깨닫게 되면 슬픔을 느끼며 살아가게 된다.

알랭 드 보통은 『일의 기쁨과 슬픔』에서 일의 핵심은 생존임을 밝히고 있다. 일에는 살아남아야 할 가장 큰 동기가 존재한다. 일은 생존을 위한 사투가 존재하는 곳이다. 노동이 삶의 전부가 되어 버린 시대 속에서 과거 어느 때보다 풍요롭고 부유한 삶을 살아가지만 여전히 우리는 생존에 몸부림치고 있다. 오랜 굶주림 속에 있는 원시 공동체가 남은 힘을 짜내어 마지막으로 시도하는 사냥의 성공 여부로 공동체 전체의 운명을 좌우할 수 있듯이 현대의 상업주의도 마찬가지로 생존이 가장 큰 동기가 된다. 절박한 생존의 문제는 그대로인 채 과거 투박한 창과 활이 이제 컴퓨터와 스마트폰으로 바뀌었을 뿐이다. 노동이 유흥이 되어 버리고 삶의 모든 것이 되어 버린 피로사회의 핵심 코드는 놀라울 것도 없이 생존이다. 생존의 한계에 매일 내몰리면서 자기 착취의 피로사회를 살아가는 현대인의 고통을 위로하고 치유할 수 있는 것이 무엇일지 고민하게 된다.

최현석의 『인간의 모든 감정』에는 자기 착취의 피로사회를 살아가는 현대인의 핵심 감정인 불안을 설명하고 있다. 자기 착취를 가능하게 하는 심리 요인이 불안이다. 불안은 양날의 칼과도 같아서 약간의 불안은 유용한 에너지가 되지만 과도한 불안은 우리를 우울하고 무기력하게 만든다. 엄밀히 말해 성과주의 사회 자체가 우리를 피로하게 만드는 것이 아니다. 정확히는 내면에 도사리고 있는 불안 자체가 우리를 더욱 피곤하게 만든다.

현대인은 일할 수 없으면 불안해한다. 퇴근하고 집에 돌아와서도, 병원에 입원해도, 휴가 중에도 일에 대한 생각으로 가득 차 있다. 이런 불안감이 성공을 보장하게 만든다. 불안할수록 완벽을 추구하고 실수하지 않으려 끊임없이 애쓰며 결국은 최고의 성과를 만들어 내게 한다. 실수하거나, 완벽하지 않으면 견딜 수 없기에 불안은 일을 성공으로 이끄는 원동력이 되는 것이다. 아이러니하게도 불안이 높을수록 성공할 가능성이 그만큼 많다. 철학자 키에르케고르Kierkegaard는 '불안은 사람을 마비시킬 뿐만 아니라 인간을 성장하는 데 동력이 되는 무한한 가능성을 내포하고 있다.'고 하였다. 생존이라는 정글 속에서 불안을 많이 느끼는 사람일수록 살아남을 가능성이 높다. 불안에 민감한 사람은 위험을 예측하고 위기 상황을 미리 준비하게 되어 그만큼 살아남을 가능성은 높지만 일과 일상 속에서 대단히 많은 불안 요소에 둘러싸여야 한다. 사실 쉬면서 여유를 가질 수도 있음에도 불안 때문에 쉬지 않고 일을 하고 돈을 벌어야 한다. 그렇게 살아갈 때 불안을 잊을 수 있기 때문이다. 일이, 그 대가로 얻는 돈이 행복하게 해 주지는 않지만 불안을 덜어 준다는 데 마음의 위안을 얻을 수 있다. 이런 상황에서 당연하게 탈진과 우울, 무기력, 경계선장애가 끊임없이 우리를 괴롭히고 좀 나아졌다가도 금방 재발하게 된다.

독일의 심리학자 롤프 메르클레Rolf Merkle는 『자기를 믿지 못하는 병』에서 긍정적인 자존감이 없는 사람은 불안으로 가득 차 있기 때문에 계속해서 노력하고 애쓰며 그 결과로 얻는 성과에 비해 보람차거나 행복한 인생을 살아가지 못해 삶 전체가 망가질 수 있다고 말한다. 직업적으로 대단한 성공을 얻어도 자기 자신을 신통치 않다고 여기고 낙오자를 자처하며 살아가는 경우가 많다. 자기를 바라보는 가치감(자기 가치감)이 빈약하면 놀라운 성공을 거두어도, 인정을 받아도, 사랑스럽고 자랑스러운 배우자가 함께해도, 따뜻한 친구가 있어도 기쁨과 만족감을 갖지 못한다.

자존감을 높인다는 것은 균형 잡힌 자기 자신을 사랑하는 것을 의미한다. 타인을 배려·이해하고, 공감하면서 자기 자신도 함께 성장할 수 있기 위해 긍정적인 자존감이 필요하다. 치열한 경쟁 속 생존의 사투를 벌여야 하는 사회 현실을 바꿀 수는 없지만 자기 가치감을 높여 불신과 열등감에서 벗어난다면 삶의 경계선을 적절하게 그을 수 있어 과도한 불안감이 해소되고 일과 생활이 뒤엉킨 혼란스러움이 잦아들어 적절한 삶의 균형을 유지할 수 있게 된다.

롤프 메르클레는 우리를 진짜로 피로하게 만드는 실체인 부정적인 자존감을 '우리 안의 면박꾼'이라고 부른다. 우리 마음속에 상주하면서 끊임없이 우리를 비난하고 책망하는 목소리다. 면박꾼은 자존감을 훼손시키며 망가뜨리게 하는 수많은 말을 만들어 낸다.

바보 멍청이, 실패자, 비겁자, 졸장부, 한심한 인간, 왕따

너는 항상 실패한다.

너는 항상 멍청한 짓만 한다.

관계가 깨지면 그 책임은 언제나 너에게 있다.

너는 한 가지 일을 끝까지 마친 적이 한 번도 없다.

너는 안 돼!

너는 성공한 적이 없잖아!

너를 좋아하는 사람은 없어!

너는 사랑받은 적이 없잖아!

너는 해 봤자 소용없어!

너는 전혀 매력이 없어!

『자기를 믿지 못하는 병』 p. 89.

　면박꾼은 마음속에서 우리의 기를 죽이기 위해서라면 아주 사소한 실수도 놓치지 않고 끄집어 내어 공격하고 자존감의 균열을 유도한다. 그러한 면박꾼의 목소리는 어찌나 교묘한지 그럴듯해 보이기까지 하지만 문제는 지나치게 부정적인 방향으로만 향하고 있다는 것이다.

수많은 부정적인 생각을 통해 면박꾼의 목소리가 너무나 터무니없고 부당하지만 그냥 믿어 버리게 만들어 불안과 늘 동행하게 만든다. 불안이 높아질수록 면박꾼의 목소리는 더욱 날카롭게 우리를 괴롭힌다. 면박꾼과 함께 살아온 지가 오래되면 우리 몸의 일부가 되어 자연스럽고 자명하게 느껴진다. 그래서 면박꾼의 비난에 대든다든가, 그 입을 봉하는 따위의 일은 아예 생각지도 못하고 무조건적으로 받아들이게 된다. 실수와 약점만을 꼬집어 지적해 주는 이 비뚤어진 목소리에 시달리는 한 우리에게 만족, 기쁨, 평온함, 자신감이란 없다.

불안이 현대인에게 긍정적인 면과 부정적인 면을 동시에 갖고 있듯이 면박꾼도 마찬가지이다. 면박꾼은 무언가 잘못되고 있다는 것을 알려 주고 양심의 가책을 느끼게 만들어 우리가 삶의 경계에서 이탈하지 않도록 돕는다. 문제는 면박꾼이 지나치게 부정적인 목소리만 들려주려고 한다는 것이 문제다. 롤프 메르클레는 끊임없이 자기반성이라는 미명 속에서 이루어지는 자기 비하, 자기 책망의 독소를 제거하여 내면의 심리적 균형을 이룰 것을 주문한다. 면박꾼을 추방하기 위해서는 먼저 마음속 면박꾼의 정체를 파악해야 한다. 어떤 특정 상황에서 끊임없이 들리는 목소리를 알아차리고 면박꾼의 목소리인지 한번 의심해 보는 것이다. 아마 오랫동안 면박꾼에게 시달려 왔지만 정작 그 목소리를 의심하지 못했을 것이다. '정말 그럴까?' '그게 진실일까?' 하면서 목소리 한마디 한마디를 의심하는 것이다. 우리 모두는 각자 어떤 식으로든지 다양한 약점과 부끄러운 상처를 갖고 있다. 문제는 약점과 상처를 있는 그대로 보는 것이 아니라 '그러니까 나는 멍청해.' '나는 완전히 구제불능의 실패자야.' 라고 자기 자신의 인격 전체를 자책감으로 몰고 가는 것에 있다. 면박꾼을 밀어내기 위해 '그래, 나는 그것을 몰랐어. 하지만 모든 것을 모르는 사람은 아니야.' '그래, 나는 그 일에 실패했어. 하지만 나는 늘 실패만 하지 않았어. 다시 도전할 기회가 있어.' 라며 자기를 사랑하는 연습을 시도하자. 우리가 사용하지 않는 근육을 운동을 통해서 키워 가듯이 면박꾼의 목소리에 휘둘리지 않고 우리 자신을 가치 있게 보는 훈련을 시작해 보자.

자존감을 회복하게 되면 불안은 마음의 경계 밖으로 물러난다. 그러면 일상 속, 힘겹게 버티고 애쓰며 살아가는 것에서 생기는 슬픔으로부터 우리를 지킬 수 있게 된다. 그것은 피로해지고 소진되어 버린 현실의 한가운데에서 우리 자신을 지켜 줄 울타리를 가지는 것이기 때문이다.

16
진심으로 자신과 소통할 용기

Text Book

『불안』 알랭 드 보통

『1Q84』 무라카미 하루키

『교실 카스트』 스즈키 쇼

Healing Book

『회사에서 왜 나만 상처받는가』 배르벨 바르데츠키

일 년에 몇 번 있는 학회에 가면 오랜만에 지인들을 만나서 악수를 하고 안부를 주고받는다. 이곳에서 부지런히 서로 인사를 주고받으며 정보를 얻는다. 이러한 자리에서 누군가 나를 반갑게 맞아 주고 나의 최근 활동에 대해 관심을 보여 주고 칭찬이라도 해 주면 말 그대로 좋아서 흥분한다. 목소리는 높아지고 어린아이처럼 밝아진다. 하지만 형식적인 악수만을 하고 건성으로 알은척을 하면 침울해지는 나를 발견한다. 언제나 학회에는 화제의 주인공이 있기 마련이다. 최근의 각광받는 연구자나 활발한 활동으로 언론과 학회에 주목받는 사람에게 온통 관심이 쏠리고 있을 때 씁쓸해지는 심정을 부인할 수 없다. 어리고 젊었을 때에는 신출내기여서 관심받지 못하는 것을 당연하게 여겼지만, 중년이 된 지금도 여전히 무관심의 대상으로 여겨질 때면 우울해진다.

나의 이런 마음 상태에 대해 최초의 심리학적 자아연구가인 윌리엄 제임스William James는 『심리학의 원리』에서 다음과 같이 표현했다.

> 방 안에 들어가도 아무도 고개를 돌리지 않고, 말을 해도 대꾸도 안 하고, 무슨 짓을 해도 신경도 쓰지 않고, 만나는 모든 사람이 죽은 사람 취급을 하거나 존재하지 않는 물건을 상대하듯 한다면, 오래지 않아 울화와 무력한 절망감을 견디지 못해 차라리 잔인한 고문을 당하는 쪽이 낫다는 생각이 들 것이다.
>
> 『심리학의 원리』 p. 20.

알랭 드 보통은 『불안』에서 제임스의 이 말에 질문을 던진다. 관심의 대상이 되지 못하고 무시를 받으면 "왜 우리는 '울화와 무력한 절망감'을 견디지 못하고 차라리 고문을 당하는 쪽이 낫다고 생각하게 되는가?(p. 21.)"

타인의 관심은 생존의 문제는 아닐 수 있지만 우리는 생존보다 더 중요한 우선순위에 놓고 있다. 거대한 부를 이루어 말 그대로 다섯 세대가 충분히 쓸 수 있을 정도의 부자가 되어도 만족할 줄 모르고 계속 부를 축적하는 것은 단순히 탐욕의 문제가 아니다. "그들은 돈만큼이나 돈을 모으는 과정에서 파생하는 존경을 추구한다.(p. 18.)" 타인의 존경이 우리에게 주는 것은 관심과 "공감 어린 표정으로 사근사근하게 맞장구를 치면서 알은체를 해 주는 것이 우리가 거기에서 얻을 수 있는 모든 것(p. 18.)"뿐이지만 우리는 여기에 목을 맨다.

알랭 드 보통은 우리가 타인의 관심과 지지를 필요로 하는 것은 좋은 소리를 듣는 것이 마냥 좋아서가 아니다라고 한다. 보통은 우리의 자아는 마치 풍선 같아서 무시라는 아주 작고 날카로운 바늘에 취약하기 때문에 끊임없이 타인의 관심과 지지라는 헬륨 가스를 집어넣어 주어야 한다고 말한다. 자아가 바람이 잘 들어간 풍선처럼 빵빵하고 건강하게 기능하기 위해서 나에게 따뜻하게 관심을 기울여 줄 사람이 필요하다. 우리는 날 때부터 자신의 가치에 확신을 갖지 못하는 존재이기에 자신에게 필요한 자신감과 확신을 갖기 위해 언제나 다른 사람의 관심과 지지가 필요하다고 말한다. 자신에게 확신이 없기에 다른 사람이 우리를 바라보는 방식이 우리가 스스로를 바라보는 방식을 결정하게 되기 때문이다. 알랭 드 보통은 인간의 불안은 더 많은 존경을 받으려는 "현대의 야망의 하녀(p. 124.)"라고 말한다. '속물들이 지배하는 세계'에서는 두 종류의 사람이 있다. 즉, 타인들에게 주목받는 사람과 주목받지 못하는 사람이다. 알랭 드 보통의 주장대로라면, 우리의 불안은 주목받는 사람이 되지 못할 것에 대한 불안이고 또한 지금은 주목받고 있지만 앞으로 주목받지 못하는 사람이 될 것에 대한 불안이다.

상대방을 공격하고 욕하고 헐뜯는 말을 하는 것보다 투명인간 취급을 하고 완전히 존재 자체를 무시하는 것이 가장 잔인한 고통을 주는 행동일 것이다. 우리가 살아가고 있는 관계 속에서 무시야말로 가장 큰 공격일 수 있다. 부모에게 사랑받지 못하는 자녀가 문제행동을 하는 것은 완전히 무시받는 것보다 적어도 부정적으로나마 관심을 받는 것이 더 낫기 때문이다.

여럿이 한 상대를 투명인간 취급을 하고 존재를 완전히 무시하는 행위를 우리는 왕따라고 부른다. 왕따가 잔인한 폭력의 메커니즘이 된 이유는 무시의 독성을 갖고 있기 때문이다.

하루키는 『1Q84』에서 1984년의 시간과 공간이 동시에 존재하는 1Q84년의 세계를 창조해 내었다. 1Q84년의 세계는 1984년과 시간과 공간만 같을 뿐 두 개의 달이 떠 있고 리틀 피플이란 존재가 살고 있는 현실과 다른 세계다. 하루키는 『1Q84』의 1권에서 같은 반 급우였던 아오마메와 덴고의 처지를 통해 교실 안에 두 세계가 존재함을 은유적으로 보여준다.

아오마메와 덴고가 만난 것은 그들이 초등학교 3학년과 4학년 2년 동안이었다. 아오마메는 2년 내내 반에서 왕따였다. 그녀의 부모는 기독교 이단인 '증인회'의 신자였다. 종말론을 믿고 열성적으로 선교 활동을 하는 그녀의 어머니는 집집마다 방문해서 선교 활동을 위해 아오마메를 데리고 다녔다. 어린 딸을 대동해서 방문했을 때 상대방의 의심을 누그러뜨리기 위해서였다. 아오마메가 '증인회' 신자라는 것은 반 아이들 모두 알고 있었다. 그녀는 '교리상의 이유'로 교가나 국가를 부르는 것을 거부하여 학교 행사에 참여하지 않았고 사찰이나 신사 같은 곳을 주로 찾는 소풍이나 수학여행도 거부하였다. 특히 점심 급식 먹기 전 큰소리로 모두가 듣도록 특별한 기도를 올렸다. 그녀는 반에서 놀리거나 따돌리는 대상이기보다 오히려 더 잔인한 '존재하지 않는 것'으로 취급받는, 투명인간 같은 존재였다. 반 아이들 중 누구도 그녀에게 말을 걸지 않았으며 심지어 쳐다보지도 않았다. 아오마메는 교실 안에서 최하위 계급을 갖고 있는 왕따이기도 하였다.

『1Q84 1』 p. 322.

학교 교실은 대부분 비슷한 지역에서 같은 연령의 아이들이 모인 집단이다. 특별한 사정을 가진 아이들을 제외하고는 나이나 환경이 크게 차이가 없다. 하지만 교실 안에는 분명히 신분이 존재하며, 위계질서가 있다. 스즈키 쇼의 『교실 카스트』에는 교실에서도 아이들 사이에 상위 그룹, 하위 그룹은 존재한다고 한다. 학창 시절의 행복과 불행을 판가름하는 기준은 교실 안에서 어디에 소속되어 있는가다. 이러한 신분을 만든 원인은 무엇인가? 스즈키 쇼는 그것이 '인기'라고 말한다. 누가 더 아이들 사이에서 인기가 있고 주목을 받느냐 아니면 아무에게도 주목을 못 받고 촌스럽냐에 따라 계급이 형성된다. 교실 안에서 이루어지는 신분제를 지적하면서 학교 폭력과 왕따 현상의 뿌리가 교실 신분제에 있다는 것을 설명한다. 학교뿐만 아니라 우리 사회도 눈에 보이지 않지만 분명한 계급이 존재한다. 우리는 상대가 자기보다 위인지, 아래인지 파악하고자 한다. 서로의 힘을 미리 확인하고 그것을 존중하게 되면 쓸데없는 경쟁과 갈등을 예방할 수 있기 때문이다. 이것은 우리 인류가 갈등과 분쟁을 예방할 수 있도록 하는 대단히 뛰어난 안전장치이기도 하다. 그러나 각자가 가진 계급은 인생을 살아가는 데 있어 늘 타인들의 관심과 존경의 대상이 되는 무한한 행복의 자원이 되기도 하고, 누군가에게는 부당하고 견디기 힘든 족쇄가 된다.

하위 그룹에 속한 아이들은 특징이 별로 없고 촌스럽고 온순하거나 얌전하다. 또는 바보스럽거나 어리석게 행동한다. 모두에게 무시당하는 아이는 하위 계급에 속한 아이다. 그중에서 어떤 그룹에도 속하지 못한 학생은 최하위 계층이다. 교실 안에서 한 명의 친구도 사귀지 못한 아이는 최하위 계층에 속하는 아이가 된다. 하위 계층 아이는 교실 안에서 지위에 맞는 행동을 해야 한다는 것이 암묵적으로 정해져 있다. 무엇보다도 무관심, 무시, 존재감 없음 등에 익숙해져야 할 운명이다.

교실에서 아오마메에게 처음이자 마지막으로 아이들이 그녀의 존재를 부정적이게나마 인정해 준 사건이 벌어졌다. 4학년 가을 과학실험 시간 아오마메가 실험 순서를 틀리자 같은 조에 있던 아이들이 그녀를 놀렸다. 놀림을 받고 있는 모습을 본 덴고는 자기 조로 옮기라고 말해 줌으로써 그녀를 위기에서 구해 준다. 덴고는 그녀에게 천천히 실험 요령을 알려 주어 무사히 실험을 미치도록 도와주었다. 덴고는 반에서 상위 그룹에 속해 있었다. 성적도 우수하고 체격도 좋았고 힘도 셌다. 반 아이들은 그를 "한 수 높이 쳐 주었다.(p. 327.)"

　　상위 그룹은 축구를 비롯해 운동을 잘하거나 무언가 특기가 있는 아이들이다. "밝은 성격의 아이, 기가 센 아이, 입김이 센 아이, 관심을 불러일으킬 매력(p. 327.)"을 지닌 아이 등으로 이루어져 있다. 상위 그룹에 속하면 왕따를 당하지 않을 특권을 갖는다. 이들의 표정은 밝고, 목소리가 크며 버스 안에서 뒷좌석을 점령한다. 이런 아이들은 학교 행사에서 언제나 주도적이고 선배나 교사에게 눈에 띄어 더욱 자신감 있게 생활을 한다. 이들이 하는 말은 어디에서나 통한다. 무언가 제안을 했을 때 이들의 말은 다른 아이들의 말과 다르다. 주변에서 반응과 관심을 보여 준다. 당연히 이들은 자신감을 갖고 자기 표현을 능숙하게 할 수 있는 아이가 된다.

　　덴고의 위치는 워낙 탄탄했기 때문에 아오마메를 위기에서 구해 주었다고 반 아이들로부터 놀림을 당하거나 하지는 않았다. 하지만 그녀를 도와주었다는 이유만으로도 덴고의 위치는 한 단계 떨어졌다. "그 소녀와 관여한 것으로 그 더러움이 적잖이 감염되었다고 생각했기 때문이리라.(p. 327.)"

1984와 1Q84의 두 세계가 같은 시간과 공간에 공존하듯이 교실 안에도 분명히 두 세계가 공존한다. 하위 그룹의 아이들과 상위 그룹의 아이들은 같은 시간과 공간 속에서 전혀 다른 시간의 법칙을 갖고 있다. 상위 그룹 아이들은 학교생활이 즐겁다. 이들은 성인이 되어서도 학창 시절을 그리워하고 그때로 돌아가고 싶다고 회고할 것이다. 그러나 하위계급 아이들에게 이 시절은 지옥이거나 빨리 지나갔으면 하는 시간일 것이다.

두 세계가 공존하는 1984와 1Q84의 두 세계는 교실만이 아닌 사회의 다양한 집단 속에도 존재한다. 아오마메는 1Q84의 세계를 탈출해야 했듯이 어린 시절 교실 안에서도 최하위 계급이라는 굴레를 벗어나야 했다. 교실 안에서 하위 그룹으로 성장한 많은 사람이 있다. 그들은 교실을 빠져나와 사회인이 되었음에도 여전히 교실에 있었을 때 했던 하위 그룹의 생존 전략을 유지하는 경우가 있다. 자기도 모르게 모든 인간관계를 교실로 만들고, 하위 그룹의 생존 전략으로 살아간다. 아무도 더 이상 과거 교실에서의 신분을 따지지 않는데도 여전히 관심을 받지 못하고 무시당할 수 있다는 불안감에 시달리며 살아간다.

아오마메와 덴고는 수도고속도로의 비상계단을 다시 내려옴으로써 1Q84년에서 1984년의 시간과 공간으로 다시 돌아간다. 우리도 무시와 무관심의 세계로부터 탈출하기 위해 달려가야 할 지름길이 있다. 스즈키 쇼는 이것을 '소통의 능력'이라고 말한다. 배르벨 바르데츠키 역시 『회사에서 왜 나만 상처받는가』에서 소통의 능력을 언급한다.

1980년대와 1990년도 서구 사회 교실에서 중요하게 여기던 것이 자존감의 향상이었다. 그러다가 최근 들어 강조하는 것이 공감 혁명이다. 2009년 4월 『뉴욕 타임스』는 서구 사회 교실에서 불고 있는 공감 혁명을 1면 기사로 다룬 적이 있다. 공감 훈련을 받은 학교들은 공격, 폭력, 그 밖의 반사회적 행동이 크게 줄었고, 징계 숫자도 감소했으며 학생들 사이에 협력과 친사회적 행동이 늘어나면서 교실에서의 엄격한 신분 차이도 완화되었고, 수업 집중도도 향상되었다고 한다.

소통의 능력에서 무엇보다 필요한 것은 바로 감정이입 능력이다. 상대방의 입장에 서서 그의 처지를 마음으로 공감하게 되면 그가 어떤 마음의 상태인지, 무엇을 필요로 하는지를 알 수 있게 된다.

우리 주변에서 볼 수 있는 남들보다 쉽게 마음을 다치는 사람의 특징은 주목과 관심을 받고 싶은 욕구가 크다는 것이다. 그렇기 때문에 그들과의 관계를 풀기 위해서는 감정이입의 능력이 꼭 필요하다.

> 사람에게 감정을 많이 이입할수록 마음 상한 감정을 그만큼 잘 극복할 수 있다. 왜 그 사람은 그렇게 행동할까? 무엇 때문에 그는 나를 그런 식으로 대할까? 이런 식으로 그 입장이 되어 보면 아마 우리는 상대의 동기를 더 잘 이해하고 더 쉽게 화해할 수 있을 것이다.
>
> 『회사에서 왜 나만 상처받는가』 p. 153.

그러려면 먼저 자신의 감정을 알고 자기감정에 공감을 할 수 있어야 한다. 수치, 분노, 불안과 같은 자기의 부정적인 감정을 잘 파악할수록 감정을 잘 표현하게 되고 건강한 소통의 능력을 발전시키게 된다.

내가 방금 한 말을 동료가 건성으로 받아넘기기만 해도 이미 상처를 받을 준비가 되어 있다. 그러나 동료가 내 말에 진지하게 반응을 보이고 관심을 갖고 열심히 들어주기만 해도 인생의 기쁨을 느낀다. 사람들의 무관심과 무시에 고통을 느낄 때 이것이 나의 인생, 인격, 스펙이 문제가 아니라 소통이 문제라는 사실을 알기만 해도 무시의 날카로운 상처에 쓰러지지 않고 다시 한번 일어설 수 있게 된다.

17

내면의 목소리에
과감히 귀 기울일 용기

Text Book

『정원 일의 즐거움』 헤르만 헤세

Healing Book

『레드 북』 칼 융

『나만 알고 싶은 유럽 Top 10』 정여울

독일에서 유학할 때 공부 잘하는 사람에 대한 평가의 말이 한국과는 다르다는 점이 재미있었다. 한국에서는 공부 잘하는 아이에게 "머리가 좋다."라고 말하는데, 독일에서는 "부지런하다fleissigen."라고 표현한다. 독일은 기본적으로 부지런하고 성실한 것을 중요한 가치로 두는 사회다. 아마도 한국인이 독일에 대해 우호적인 것은 바로 이런 근면, 성실한 이미지 때문일 것이다. 그것은 한국도 기본적으로 근면, 성실한 것을 좋아하는 사회라는 것을 의미한다.

독일의 가정집은 웬만하면 대부분 정원을 갖고 있다. 집과 집 사이를 지나면서 다양한 정원을 구경하는 재미가 있다. 독일에서 잘 알고 지내던 한국인 부부는 독일로 이민 온 분이었다. 부부는 중산층 마을로 이사 갔다. 이사 온 후 정신없이 사느라 정원에 신경을 쓰지 못했더니 정원 한가운데 잔디가 죽어 보기 흉하게 구멍이 난 것처럼 되어 버렸다. 그러던 어느 날 이웃에 사는 독일인 한 명이 방문하여 자기 집에 여유분의 잔디가 있으니 당신 정원에 잔디를 놓으라고 하였다. 순간 '왜 남의 집 정원에 신경을 쓰지?' 하는 생각이 들어 마음이 불편했지만 점차 정원이 마을 사람에게 어떤 의미인지를 알게 되면서 생각이 바뀌게 되었다. 모든 마을 사람은 끊임없이 서로의 정원을 비교하며 정원 가꾸기 경쟁을 하고 있었고 잘 가꾼 정원은 그 사람의 근면함과 인품을 볼 수 있는 상징이었던 것이다. 부부는 정원의 의미를 깨닫고 시간을 쪼개 정원을 가꾸었고 마을에서 가장 잘 가꾼 정원이 되었다. 이렇게 되자 마을 사람은 비로소 한국에서 온 외국인 부부를 자기 공동체의 일원으로 받아들이게 되었다.

『정원 일의 즐거움』에는 중년이 된 헤세Hermann Hesse가 집필 외에는 거의 모든 시간을 정원에서 보냈던 내용이 있다. 그는 노벨문학상, 괴테문학상까지 받았음에도 독일 문학계에서 왕따였고 오랫동안 평가절하되었던 작가였다. 그에 대한 대중의 부정적인 평가는 중년 이후 늘 정원에서만 살았던 그의 일상과 무관치 않다. 밀짚모자를 쓰고 약간 지저분하고 허름한 작업복 차림에 포도농사를 짓고, 정원을 가꾸고, 정원에서 그림을 그렸다. 그래서 비평가는 그를 마치 세상 물정 모르고 오직 정원 가꾸는 일에만 몰두하는 기인으로 폄하하기도 하였다. 무엇보다 헤세는 근면, 성실하게 작품 활동을 하고 늘 끊임없이 생산적인 삶을 살아가는 기존의 작가와는 달랐다. 늘 한가하게 정원에서 땅을 파고, 식물만을 가꾸는 그를 보수적인 독일인은 이해할 수 없었다. 부지런하게 창작 활동을 하지 않는 그는 작가로서 게으르고, 불성실해 보였으며 작가이기보다 정원사에 가까웠다. 참고로 독일에서 한 사람에 대한 최악의 평가는 부지런하지 않고 근면 성실하지 못하다는 말이다. 헤세는 독일인에게 최악의 평가를 받을 만한 삶을 살아갔다. 그러나 그 누구도 예상하지 못했던 일이 벌어졌다. 헤세는 여러 빛나는 상을 받은 것뿐 아니라, 20세기 세계 문학 속에서 독일의 그 어떤 작가도 이루지 못한 놀라운 업적을 이루게 된 것이다. 독일인의 눈에 헤세는 분명히 정원에만 몰두하는 아무 생각 없는 사람인 줄 알았으나, 사실 그가 얼마나 치열하게 살았는지 사후에서야 뒤늦게 조명받았다. 헤세에게 정원은 한가하게 소일을 하던 그런 공간이 아니었다. 그에게 정원은 치열하게 자기 자신과 싸우는 삶의 무대임과 동시에 내면의 고통을 치유하던 영혼의 정원이었다.

헤세는 어린 시절 심각한 신경증에 걸려 정신병원에 수감되는 등 그의 내면세계는 어릴 때부터 극심한 갈등을 겪었다. 마흔 즈음의 헤세는 사회적으로도, 내면적으로도 커다란 위기에 내몰렸다. 작가로서 이미 입지를 굳힌 헤세는 제1차 세계 대전에 대한 부정적인 글을 써서 조국 독일로부터 매국노 취급을 당하고 독일 문학계로부터 따돌림을 당하게 된다. 사실 독일은 헤세에 대한 긍정적 평가에 인색했으며 놀랍게도 제2차 세계 대선이 끝난 후 1946년 그가 노벨문학상을 받고 나서도 이런 분위기는 상당히 오랫동안 지속되었다. 설상

가상으로 그 무렵 아내 역시 정신병에 걸렸고 끝내 이혼해야 했다. 막내 아들 마르틴도 정신질환에 걸리는 최악의 상황 속에서 그는 급기야 신경쇠약으로 고통받고 요양소까지 들어간다. 그는 분석심리학의 선구자인 칼 융Carl Jung과 그의 제자 요제프 랑Joseph Lang 박사에게 상담을 받으면서 내면의 상처를 치유받게 된다. 그 후 헤세는 『데미안』『황야의 이리』『나르치스와 골드문트』『유리알 유희』 같은 그의 작품 중 최고의 평가를 받는 작품을 발표했다. 헤세는 인생에서 가장 힘든 시기에 융을 만났고 그를 통해 상처를 치유할 수 있는 기회를 얻게 되었다. 그리고 그런 경험을 토대로 작가로서 가장 빛나는 시기를 만들어 냈다.

여행가 정여울의 『나만 알고 싶은 유럽 Top 10』에는 헤르만 헤세가 특별한 애정을 갖고 살았던 스위스 몬타뇰라가 나온다. 그녀의 여정은 헤세의 출생지인 독일 남부의 산골에 위치한 작은 도시 칼프에서 출발하여 스위스 남쪽에 위치한 이탈리아와 국경을 마주보고 있는 몬타뇰라까지 이어진다. 정여울은 노벨문학상 작가인 헤세의 족적을 따라 걸으면서 헤세가 가꾼 영혼의 정원이 있는 몬타뇰라에서 칼 융을 언급한다. 나는 이 대목에서 기존에 나와 있는 수많은 여행 안내서와 이 책의 차이점을 발견하였다. 이 책에는 유럽의 도시와 여행지를 안내하는 것만이 아닌 인문학적 사유가 담겨 있다는 것이 신선하게 다가온다. 정여울은 융 연구소가 있는 취리히와 융이 사랑했던, 그의 집이 있는 볼링겐으로 발걸음을 옮긴다. 그녀는 헤세와 융이라는 두 사람의 흔적을 동시에 찾아가고 있다. 그녀는 융의 자서전과 헤세의 작품이 서로 겹쳐 있으며 둘은 마치 "영혼의 샴쌍둥이처럼 닮은 아픔을 앓고(p. 262.)" 있다고 말한다.

오랫동안 우정을 나눈 헤르만 헤세와 칼 융은 각기 자기 분야에서 최고의 경지에 오른 사람이다. 같은 스위스 국적을 가진 두 사람은, 독일계 스위스의 대표 도시로 스위스 전체에서 가장 보수적인 분위기를 가진 바젤과 특별한 인연이 있었다. 헤세의 부모는 선교사였으며, 융의 아버지는 목사였다. 융의 친삼촌 두 명과 외삼촌 여덟 명은 목사였다. 예민하고 섬세하던 두 사람은 그런 환경에 숨 막혀 했고 집안의 분위기와 오랫동안 갈등하며 성장했다는 공통점이 있다. 40대에 각자 인생의 위기를 경험하고 그 경험을 통해 자신의 분야에서 빛나는 업적을 만들어 냈다.

칼 융과 헤세는 처음에는 의사와 환자 관계였지만 융은 헤세의 독자이기도 하였다. 융은 헤세에게 보내는 편지에서 이렇게 말한다. "당신의 책은 나에게 폭풍이 몰아치는 밤에 보는 등대의 불빛과 같습니다. 당신의 책은 모든 것이 끝나는 곳에서, 그리고 새로운 인간의 탄생과 깨어남이 다시금 시작되는 곳에서 가능한 최선의 결말을 품고 있습니다." 칼 융은 헤세가 그의 인생에서 최고의 위기를 맞이하였을 뿐 아니라 작가로서 에너지가 고갈되어 어떤 글도 쓸 수 없던 시절에 도움을 주었다. 그 후 헤세는 내면에서 창조적 에너지가 용솟아 오르게 되고 융은 그런 결과물을 탐독하였다.

헤세와 융 두 사람은 마흔 살이 되었을 무렵 모두 위기를 경험했고, 융 역시 그 위기를 통해 내면 세계를 탐구하며 자아를 찾는 여행을 하였다.

융은 『레드 북』에서 40대 당시 자신이 원하던 모든 것을 성취하였다고 말한다. 명예와 부와 전문지식 등 모든 인간적인 행복을 다 이루었으나 스승 프로이트와 결별하면서 그는 나락으로 떨어진다. 그동안 알던 모든 지인이 그를 떠나갔고, 그는 이단자가 되었다. 그의 책은 쓰레기로 취급받으면서 그는 심리학의 신비주의자라는 낙인이 찍혔다. 프로이트의 후계자라는 정신분석학회에서의 모든 직책과 공석에서도 물러났다. 심신이 너무 지쳐 8년 동안 몸담았던 취리히 대학에서의 교수직을 버렸다. 그때까지 그는 취리히 대학 최고의 명강사로, 수업 시간에 스위스의 귀부인이 너무나 많이 청강하는 바람에 정작 학생은 자리가 없어 서서 수업을 들어야 할 정도로 인기가 높았다. 하지만 그는 모든 것에서 물러났고 그에게 남은 것은 가족과 그가 홀로 운영하는 작은 개인병원이 전부였다.

혜세와 융이 마흔 살의 나이에 겪게 된 위기는 소외감이었다. 그동안 그들에게 사회적 지위와 심리적 안정감을 제공해 주던 울타리에서 추방을 당한 것이다. 어제까지 소속감을 주던 사람이 더 이상 기댈 수 있는 존재가 되지 못하고 그들에게 자신이 이방인이 되었다는 느낌은 마흔이 된 남자에게는 가장 고통스러운 일일 것이다. 융은 추방당하고 혼자가 된 직후 내면의 시기가 시작되었다고 고백한다. 당시 그는 정신적 고통과 함께 불면증과 위장병까지 겪고 있었다. 자신에 대한 통제력을 잃을 것만 같은 두려움 속에서 그는 계속해서 자기의 무의식을 탐색하였다. 자신의 내면 세계를 탐색하면서 그의 내면 깊은 곳에 있던 자아를 찾아갔다.

혜세에게 정원은 내면의 거울 역할을 하는 심리학적 공간이었다. 혜세는 자기 상처를 치유하기 위해 몬타뇰라의 정원으로 달아났었다고 말한다. 인생은 정원을 가꾸는 것에서 시작하며 평생 행복하기를 바라면 정원사가 되라는 중국 속담이 있듯이 정원은 우리의 인생과 밀접한 관련이 있다. 헤세가 그의 삶 한가운데로 찾아온 위기를 헤쳐 나갔던 방식은 바로 세상과 거리를 두고 스스로를 정원에 가두는 것이었다. 그는 정원을 가꾸는 동시에 자신의 내면을 치료해 나갔다. 치료therapy의 어원이 된 그리스어 therapeuo는 '치료하다' '가꾸다' '잘 돌보다' '신을 섬기다' '땅을 갈다' 라는 여러 의미를 포함한다. 자신의 영혼의 정원에서 땅을 파고 심층을 찾는 것은 진정한 치료의 효과가 있는 작업이다.

융이 자신의 자아를 찾아갔듯이 헤세 역시 자신의 자아를 찾는 여정을 집요하고도 부지런하게 해 나아갔다. 헤세 작품은 상상의 산물이기보다는 자신의 치열한 삶의 경험이 녹아 있는 것이 특징이다. 『데미안』에는 "모든 사람에게 진정한 소명은 오직 한 가지, 자기 자신에게 도달하는 것이다.(p. 195.)"라는 말이 있다. 『카를 융 기억 꿈 사상』에 보면 융은 80세가 넘은 나이에 인생 전체를 돌아보면서 자신의 인생을 한 마디로 표현하였다. "나의 생애는 무의식의 자기실현의 역사다.(p. 9.)" 자기실현Selfstverwirklichung은 자아가 무의식 밑바닥 중심 부분에 있는 자기를 진지하게 들여다보고 그 소리를 듣고 그 지시를 따라 살아가는 삶을 의미한다. 헤세와 융이 자아를 찾아가는 평생의 여행을 통하여 도달하려고 했던 지점은 무의식에 휩쓸려 자기가 누구인지 모르고 오직 무의식이 보내는 혼동 속에서 허우적거리고 살기보다 자신의 진정한 모습을 발견하고, 재능과 자아가 교감할 수 있게 되는 것이었다. 우리 자신을 이해하는 것은 세상을 이해하기 위한 수단일 수 있다. 자신을 알아가면서, 우리가 살아가는 세상을 알아가며, 세상이 주는 혼란과 모순을 받아들일 수 있다.

　헤세는 혼란과 고통에 빠져 있을 때 그의 정원을 영혼의 정원으로 바꾸어 놓고 자신의 내면을 찾는 여행을 시도하였다. 정원은 우리 일상의 스트레스와 인간관계의 고통, 삶의 위기를 직접적으로 치료하지는 않는다. 인생의 고난을 깨닫게 될 때, 아름다움은 더 깊이 이해되듯이 영혼의 정원에서 부단히 자아를 찾는 작업은 자기의 한계와 단점 그리고 수치스러운 내밀한 부분마저 인정하게 만들어, 삶의 모순이 가져오는 아픔과 고통을 따뜻하게 바라볼 수 있게 한다. 그 결과 우리가 본질적으로 소유하고 있는 슬픔을 위로해 주고 고통을 보다 잘 견디어 내게 해 준다.

마치며,

『순간의 꽃』 고은

『책은 도끼다』 박웅현

> 노를 젓다가 노를 놓쳐버렸다.
>
> 비로소 넓은 물을 돌아다보았다.
>
> 『순간의 꽃』 p. 13.

고은 시인의 이 글귀는 우리에게 다른 시선이 갖는 통찰의 힘을 보여 준다. 이와 같은 다른 시선을 가진 책을 만나면 세상과 자신에 대해 갖고 있던 시선을 다시 한 번 객관적으로 관찰하게 되고 우리의 사고와 인식, 생각의 다양성을 빌견하게 되는 기쁨을 갖게 된다.

박웅현의 『책은 도끼다』의 서두에 '판화가 이철수의 다른 시선'

이 먼저 눈에 들어왔고 순식간에 읽어 가면서 작가가 펼쳐놓은 책 속으로 빠져들어 가게 되었다.

판화가 이철수의 판화집 『산벚나무 꽃피었는데』 『마른풀의 노래』 『이렇게 좋은 날』을 가지고 박웅현은 이 책 속에서 이철수의 세상을 보는 그만의 독특한 시선을 포착한다. 그가 이철수의 판화를 접하게 된 것은 누군가의 책상 위에 놓여 있는 『산벚나무 꽃피었는데』를 통해서라고 한다. 무심히 책장을 넘기는 순간 그만의 독특한 시선, 그동안 지나쳤던 것들에 대한 세심한 시선이 그를 사로잡았다.

<이쁘기만 한데……>

논에서 잡초를 뽑는다
이렇게 아름다운 것을
벼와 한 논에 살게 된 것을 이유로
'잡'이라 부르기 미안하다

『책은 도끼다』 p. 23.

사람들이 잡초라고 부르지만 사실 시선의 중심을 벼로 놓았기에 잡雜이 된 것이다. 본질적으로 잡초이기 때문이 아니라 어떤 관점에서 보는가에 따라 잡초가 되고 벼가 되는 것이다.

〈작은 선물〉

꽃 보내고 보니,

놓고 가신

작은 선물

향기로운

열매

『책은 도끼다』 p. 24.

　박웅현은 꽃이 놓고 간 선물을 열매로 표현하는 것을 통해 우리
가 그냥 지나치게 되는 자연에서 "사방 모든 것에서 스토리를 찾아
(p. 24.)"내는 것에 감탄이 절로 나온다고 말한다. 그래서 우리가 평
소에 무심하게 흘려 넘기던 것을 보게 만들어 주는 작가에게 고마
움을 표현한다. 우리 모두가 별로 주목하지 않고 당연하게만 여기
던 것에서 스토리를 찾아내는 사람은 '통찰'을 갖고 있다고 한다.
광고인으로 창의력에 언제나 목말라 있는 그에게 창의력이란 바로
이런 통찰에서 온다고 말한다. 우리가 통상적으로 정해 놓은 시선
의 중심에서 언제든지 벗어나 다른 시각으로 보고, 기존의 선입견
으로부터 자유롭게 볼 수 있는 사람이 '통찰'과 창의성을 가진 사람
이라고 그는 역설한다. 그리고 이런 능력은 책읽기를 통해 얻게 되

는 열매임을 설명한다.

창의력에 언제나 갈증을 느껴야 하는 그에게 다른 시선으로 세상을 볼 수 있는 이철수의 판화집은 업무적으로도 많은 도움을 주었다. 그러나 판화가 이철수의 다른 시선을 끄집어 낸 박웅현은 사실 자신도 자신만의 눈으로 세상을 볼 수 있는 눈을 가진 사람이다. 그러기에 판화가 이철수의 독특한 시선의 가치를 찾아낼 수 있었던 것이다. 건축이 삶의 스토리가 담겨 있어야 하는 것처럼 책 역시 자기만의 시선으로 삶 속에서 스토리를 찾아내는 것이어야 한다.

나는 지난 겨울 초등학교 6학년의 마지막 겨울방학을 맞은 아들의 독서 수업을 지도하기로 하였다. 요즘 너무 어려워진 영어와 수학을 가르칠 능력이 전혀 없는 아빠로서 무언가 할 수 있는 일을 찾은 것이다. 내가 대학에서 연구년을 얻어 시간 여유가 있게 된 것도 한 요인이지만, 늘 집에서 빈둥거리지만 말고 무언가 아빠 노릇하기를 바라는 아내의 눈치를 알아채고 실행하게 되었다. 나는 아들에게 내가 읽은 책들을 설명해 주기 보다 아들에게 자기가 가장 좋아하는 책을 책방에서 고르게 한 후 늘 저녁마다 읽게 하였다. 그런 후 자기가 읽은 부분에 대해 이야기를 하게 만들었다. 자기 말로 설명을 하면서 읽은 것을 정리할 수 있으며 동시에 자기가 알게 된 내용을 논리적으로 표현하는 힘을 키우게 하였다. 다행히 그동안 죽어도 책을 읽지 않던 아들은 조금씩 흥미를 갖고 읽기 시작했다. 아빠의 바람과는 달리 이맘때 읽어야 할 고전들은 전혀 읽지 않고『마시멜로 이야기』같은 (나는 자기계발서에 흥미가 없었다) 부류의 책에 빠져들어 갔다. 그 겨울 아들은 마시멜로의 전 시리즈를 읽었다. 책에 흥미를 갖게 하고 자기 식으로 해석할 수 있도록 논리적 사고를 키운 시도의 부작용이라면, 『마시멜로 이야기』의 작가 호아킴 데 포사다(Joachim de Posada)와 아빠를 늘 비교하면서 '그러니까 아빠는 안 돼. 그래서 아빠 책이 호아킴에 반의반도 못 따라가는거야!' 라는 말을 계속해서 듣고 기분이 나빠지는 것이다.

나는 아들이 아빠가 해석하고 이해한 책의 내용을 수동적으로 강의 듣기보다 아직은 미숙하지만 자기만의 시선으로 책을 보도록 하는 훈련을 시켰다.

우리는 책을 통해 자기 나름의 방식으로 책을 보는 관점을 가져야 한다. 위화가 『허삼관 매혈기』 서문에서 말했듯이 작가를 떠난 책은 독자의 몫으로 남겨진다. 작가의 삶의 스토리가 담겨 있는 책은 이제 독자에게 자기만의 시각으로 삶의 스토리를 담을 수 있는 도구가 된다.

박웅현의 책에서는 심리학 이론을 설명하지 않지만 우리는 그가 책을 보는 방식을 통해 심리적 요소를 만나게 된다. 책은 작가의 의미 있는 통찰을 담고 있을 때 그 가치가 빛나는 것처럼 우리가 문제와 갈등 앞에서 기존의 방식이 아닌 객관적 시각으로 바라보게 되는 것 역시 '통찰'이라고 한다. 책이 세상을 보는 시선에 도움을 준다면, 심리학은 자신을 보는 시선에 변화를 가져다준다.

심리학은 '우리가 알고 있고 지각하고 있는 내용이 모두 진실이 아니다.'라는 전제에서 시작한다. 똑같은 상황이라도 바라보는 시각과 받아들이는 비중에 따라 전혀 다른 결과를 만들어 낼 수 있다. 누군가와 갈등을 빚게 되면 우리는 자신도 모르게 상대방에게 책임을 떠넘긴다. 심리학에서는 이런 행동을 '투사(Projection)'라고 부른다. 과거에 힘든 상처를 경험하게 되면 세상을 바라보는 시선이 더욱 복잡해진다. 어린 시절 경험한 상처에 대한 두려움, 분노, 공포, 좌절, 소외감 등 부정적인 감정이 현재 상황에서 작용하면 과거와 현재가 혼란스럽게 뒤섞인다. 직장인이 회사에서 상사를 대할 때 필요 이상으로 과도하게 주눅이 들거나 아니면 매사에 반항적이고 거칠게 행동하게 되면 업무 능률이 떨어진다. 그 원인은 어린 시절 가정이나 학교에서 겪은 권위의 문제와 관련되어 있다. 부모가 지나치게 권위적이었다면 성인이 되어서도 부모에게 느끼는 불안을 직장 상사에게도 느껴 과도하게 긴장할 수 있다. 아니면 억압적이고 폭력적인 부모에게 느낀 분노를 직장 상사에게 다시 경험하게 되면서 부모에 대한 분노와 원망의 감정을 직장 상사에게 되돌려주려고 할 수 있다. 투사는 가족, 부부, 자녀, 직장동료 등 대인 관계속에서 언제나 발생하며 옛 상처를 건드려 문제가 심각하게 진행되도록 만드는 주범이다. 우리가 느끼는 아픔과 고통, 슬픔 등 수많은 부정적인 감정은 현재만이 아닌 과거의 상처와 연결되어 있기 때문에 우리가 현실을 바라보는 시선은 종종 우리를 기만할 수 있다.

야구 경기가 있는 경기장과 경기가 없는 텅 빈 경기장은 전혀 다른 모습으로 우리에게 지각된다. 똑같은 직장동료라도 내가 좋아하는 사람과 함께 있는가 아니면 피하고 싶은 사람과 함께 있는가에 따라 전혀 다른 시간이 된다. 불안하고 긴장된 순간은 시간이 멈추어 있는 것처럼 더디 흐르지만 행복하고 즐거운 시간은 너무 빨리 흘러간다. 우리는 주어진 환경만이 아닌 자신의 심리 안에 어떤 시선의 중심을 갖고 있는가에 따라 다른 감정을 갖게 된다.

우리의 마음은 단지 슬플 수밖에 없는 현실이기 때문에 슬픈 것이 아니다. 눈에 보이는 현실에 기만당할 수 있다. 내 눈에 보이는 주관적인 시선을 책이 주는 시선의 다양성을 통해 과연 정확한지, 유용한지, 건설적인지의 여부를 대화하고 점검할 수 있다. 책은 우리가 슬픔을 맞닥뜨리고 있는 현실의 시선을 변화시켜 줌으로써 진정한 위로를 가져다준다. 작가의 인생에서 올라온 시선은 이제 우리 자신의 시선으로 소화되고 나의 인생 스토리와 결합하여 나만의 또 다른 독특한 시선이 만들어지게 된다.

프로이트는 1930년 독일어권 최고의 문학상인 괴테 문학상을 받았다. 정신분석가가 문학상을 받았다는 사실이 의아할 수 있다. 그는 모든 마음속 병의 핵심을 오이디푸스적인 갈등이라고 말함으로써 정신분석 안으로 고대 최고의 문학을 가지고 왔다.

그리스의 작가 소포클레스는 거대한 신화의 세계 속에 있는 수많은 인물 중에 가장 고통을 당하는 인물로 인간 오이디푸스를 그려낸다. "세상에 나만큼 고통을 당하는 자도 없을 것이네. 도대체 내가 어찌해야 하겠는가?" 오이디푸스 왕이 제사장에게 하는 탄식으로 시작되는 이야기는 치밀한 플롯과 인간 심리에 대한 깊이 있는 통찰을 담고 있는 명작이다. 프로이트는 마음의 병을 앓고 있는 사람은 이 시대의 또 다른 오이디푸스라고 말하며 문학이 인간의 심리를 꿰뚫어 보았던 시선을 심리학으로 끌고 들어온다.

나는 대학원에서 심리학 수업을 할 때 한 학기 동안 책 10권 정도를 읽고 토론하게 만든다. 10권 중에 심리학 전공서적은 없으며 문학과 인문학 책이 대부분이다. 매 시간 수업을 하기 전 그날 정해진 책을 발표하고 토론하는 시간을 통해 책의 텍스트를 이해하고 그 안에 있는 인간의 모습을 이해하도록 이끌었다. 셰익스피어나 톨스토이, 도스토예프스키 같은 위대한 작가는 단순한 문학가 이상이었고 현대적인 의미 안에서 그들은 심리분석가였다. 나는 심리상담을 공부하는 학생에게 인간의 심리는 절대로 심리학 교과서 안에만 있지 않다고 말한다. 인간 내면의 복잡성은 심리학 이론에만 머무는 것이 아닌 위대한 문학가와 인문학자의 인간 이해 속에 더욱 잘 담겨 있다. 따라서 나는 심리학자가 도서관에 가야 한다고 생각한다.

책에 담겨 있는 다양한 삶의 스토리를 통해 나는 상담을 받으러 오는 사람이 갖고 있는 고통과 아픔을 마음 깊이 받아들이고 거미줄처럼 얽혀 있는 문제 속에 있는 그들을 이해하고 그들의 처지와 심리를 공감하게 된다. 나와 다른 성(性)을 갖고, 나와 다른 인생을 살았고, 나와 다른 눈으로 세상을 보는 사람을 낯설어하여 어설프게 이해하려고 하는 위험에 빠지지 않을 수 있다. 비록 내가 인생을 많이 살지 않았어도, 많은 경험이 없다고 하더라도 말이다.

참고 문헌

강명관 (2007). 책벌레들 조선을 만들다. 서울: 푸른역사.

고은(2014). 순간의 꽃. 경기: 문학동네.

김애란(2012). 비행운. 서울: 문학과 지성사.

김영갑(2007). 그 섬에 내가 있었네. 서울: Human & Books.

김정운(2014). 에디톨로지. 경기: 21세기북스.

박웅현(2011). 책은 도끼다. 경기: 북하우스.

박찬일(2012). 추억의 절반은 맛이다. 경기: 푸른숲.

양창순(2014). 나는 까칠하게 사리고 했다. 서울: 센추리원.

이철수(1993). 산벚나무, 꽃피었는데-이철수 신작판화 100선전. 서울: 학고재.

이철수(1995). 마른풀의 노래. 서울: 학고재.

이철수(2004). 이철수의 작은 선물. 대전: 호미.

장영희(2012). 살아온 기적, 살아갈 기적. 서울: 샘터.

장영희(2013). 문학의 숲을 거닐다. 서울: 샘터.

정민(2014). 책 읽는 소리. 서울: 마음산책.

정여울(2014). 나만 알고 싶은 유럽 Top 10. 서울: 홍익출판사.

조병국(2013). 할머니의사 청진기를 놓다. 서울: 삼성출판사.

조해진(2014). 로기완을 만났다. 경기: 창비.

주철환(2013). 더 좋은 날들은 지금부터다. 서울: 중앙M&B.

최광현(2012). 가족의 두얼굴. 서울: 부키.

최광현(2013). 나는 남자를 버리고 싶다. 서울: 부키.

최광현(2014). 가족의 발견. 서울: 부키.

최현석(2011). 인간의 모든 감정. 파주: 서해문집.

한민복(2014). 눈물은 왜 짠가. 서울: 책이 있는 풍경.

한병철(2012). 피로사회(김태환 역). 서울: 문학과 지성사.

허균 (2002). 한국의 정원: 선비가 거닐던 세계
. 서울: 다른세상.

기시미 이치로 & 고가 후미타케(2015). 미움받을 용기(전경아 역).
　　　서울: 인플루엔셜.

다자이 오사무(2013). 쓰가루(최혜수 역). 서울: 도서출판 b.

무라카미 하루키(2009). IQ84 1(양윤옥 역). 경기: 문학동네.

무라카미 하루키(2010). IQ84 3(양윤옥 역). 경기: 문학동네.

무라카미 하루키(2013). 노르웨이 숲(양억관 역). 서울: 민음사.

스즈키 쇼(2012). 교실 카스트(김희박 역). 서울: 베이직북스.

오쿠다 히데오(2005). I공중그네(이영미 역). 서울: 은행나무.

위화(2014). 허삼관 매혈기(최용만 역). 경기: 푸른숲.

히가시노 게이고(2012). 나미야 잡화점의 기적(양윤옥 역). 서울: 현대
　　　문학.

Alain de Botton (2000). 슬픔이 주는 기쁨(정영목 역). 서울: 청미래.

Alain de Botton (2005). 불안(정영목 역). 파주: 이레.

Alain de Botton (2010). 프루스트가 우리의 삶을 바꾸는 방법들(박중서 역). 서울: 청미래.

Alain de Botton (2011). 우리는 사랑일까(공경희 역). 서울: 은행나무.

Alain de Botton (2012). 일의 기쁨과 슬픔(정영목 역). 서울: 은행나무.

Barbel Wardetzki ((2013). 너는 나에게 상처를 줄 수 없다(두행숙 역). 파주: 걷는나무.

Barbel Wardetzki (2004). 따귀 맞은 영혼(장현숙 역). 파주: 궁리.

Barbel Wardetzki (2014). 회사에서 왜 나만 상처받는가(조경수 역). 경기: 예담.

Boris Cyrulnik (2008). 유령의 속삭임(권기돈 역). 서울: 새물결.

Bruno Bettelheim (2004). 옛이야기의 매력 1(김옥순, 주옥역 공역). 서울: 시공주니어.

Carl Jung (2007). 카를 융 기억 꿈 사상(조성기 역). 서울: 김영사.

Carl Jung (2012). 레드북(김세영 역). 서울: 부글.

Catherine Bensaid (2005). 욕망의 심리학(이세진 역). 서울: 북폴리오.

Harper Lee (2001). 앵무새 죽이기(김욱동 역). 서울: 문예출판사.

Hermann Hesse (2001). 정원 일의 즐거움(두향숙 역). 파주: 이레.

Joachim Bauer (2007). 인간을 인간이게 하는 원칙(이미옥 역). 서울: 에코 리브르.

Julia Peirano & Sandra Konrad (2012). 사랑, 그 설명할 수 없는(박규호 역). 파주: 쌤앤파커스

Marcel Proust (2012). 잃어버린 시간을 찾아서(김희영 역). 서울: 민음사.

Michael Ende (2014). 모모(한미희 역). 서울: 비룡소.

Nikos Kazantzakis (2013). 그리스인 조르바(이윤기 역). 경기: 열린
책들.

Peter Bichsel (2009). 나는 시간이 아주 많은 어른이 되고 싶었다(전은경
역). 경기: 푸른숲.

Peter Watson (2012). 생각의 역사 II(이광일 역). 파주: 들녘.

Rolf Merkle (2004). 자기를 믿지 못하는 병(장현숙 역). 경기: 21세기
북스.

Sigmund Freud (2003). 문명 속의 불만(김석희 역). 경기: 열린책들.

Sigmund Freud (2004). 정신분석학의 근본개념(윤희기 역). 경기: 열린
책들.

Sigmund Freud(2004). 정신분석 강의(홍혜경, 임홍빈 공역). 경기:
열린책들.

Sophocles (2009). 오이디푸스 왕(강대진 역). 서울: 민음사.

Viktor Frankl (2012). 죽음의 수용소에서(이시형 역). 경기: 청아출판사.

Viktor Frankl (2009). 삶의 물음에 '예' 라고 대답하라(남기호 역). 서울:
산해.

Volker Kitz & Manuel Tusch (2013). 심리학 나 좀 구해줘(김희상 역).
파주: 갤리온.

Walter Isaacson (2011). 스티브 잡스(안진환 역). 서울: 민음사.

저자 소개 ،

최광현(Kwang-hyun, Choi)

독일 본(Bonn)대학교 가족상담전공 박사

현 한세대학교 심리상담대학원 교수

　한국인형치료학회 감독

저서

인형치료(2판, 공저, 학지사, 2016)

가족의 발견(부키, 2014)

나는 남자를 버리고 싶다(부키, 2013)

노인상담(공저, 학지사, 2013)

가족의 두 얼굴(부키, 2013)

노인자살 위기개입(공저, 학지사, 2011)

가족세우기 치료(학지사, 2008)

한국인형치료학회 www.figuretherapy.org

지금 나에게 필요한 용기

−인문학 서가에서 발견한 17가지 용기의 심리학−

2017년 6월 15일 1판 1쇄 인쇄
2017년 6월 20일 1판 1쇄 발행

지은이 • 최광현
펴낸이 • 김진환
펴낸곳 • (주)**학지사**
　　　　04031 서울특별시 마포구 양화로 15길 20 마인드월드빌딩
대표전화 • 02)330-5114　　　팩스 • 02)324-2345
등록번호 • 제313-2006-000265호

홈페이지 • http://www.hakjisa.co.kr
페이스북 • https://www.facebook.com/hakjisabook

ISBN 978-89-997-1207- 4 03180
정가 13,000원

이 도서의 국립중앙도서관 출판시도서목록(CIP)은 서지정보유통지원
시스템 홈페이지(http://seoji.nl.go.kr)와 국가자료공동목록시스템
(http://www.nl.go.kr/kolisnet)에서 이용하실 수 있습니다.
(CIP제어번호: CIP2017004939)

교육문화출판미디어그룹 **학지사**
심리검사연구소 **인싸이트** www.inpsyt.co.kr
원격교육연수원 **카운피아** www.counpia.com
학술논문서비스 **뉴논문** www.newnonmun.com